名家说清史

光绪皇帝

隋丽娟◎著

故 宫 出 版 社

目录

第一章　生于内忧外患的时代

一　天皇贵胄的显赫家世

八月，一年中京城暑热难耐的季节。

同治十年六月二十八日（1871 年 8 月 14 日），天空骄阳似火，火辣辣的太阳将整个京畿大地烘烤得滚烫，连路两旁的树木和花草，也低垂着头，无精打采。在这炎热的天气下，只有阵阵蝉鸣，不厌其烦。

然而，城西南太平湖畔的醇亲王府（今中央音乐学院）却一片忙碌，人们出出进进，片刻不敢停息，似乎要为骄阳笼罩着的京城增添几许温度般。因为，醇亲王福晋叶赫那拉氏即将分娩。

醇亲王奕譞，字朴庵，生于道光二十年九月二十一日（1840 年 10 月 16 日），道光帝旻宁第七子。哥哥奕詝即位后，赐封他为醇亲王。受此分封倒不是因为他天资聪明才智过人，既为当朝天子的弟弟，循例亦应有此恩典。不过，在他十九岁的时候，皇兄将宠妃懿贵妃（后来的西太后或慈禧太后）的妹妹指婚与他后，他的身份也随之发生了令人侧目的变化，在皇弟的血缘亲情之外又加上了一层裙带关系。两年后，当咸丰帝病死于承德避暑山庄，这就使他在随即发生的宫廷政变中拥有特殊地位，并日渐成为炙手可热的人物。

咸丰十年（1860 年），英法两国再次组成侵华联军，大举入侵，咸丰帝在英法联军隆隆炮声中率领群臣与后宫人等自圆明园仓皇逃亡热河（今承德市），仅命恭亲王奕䜣留京议和。次年盛夏时节，咸丰帝在承德避暑山庄忧郁而死，由他年仅六岁唯一的儿子载淳继承皇位，凭借母以子贵，懿贵妃叶赫那拉氏与皇后钮祜禄氏并尊为皇太后。为避免皇权旁落，咸丰皇帝临终前确立了以肃顺为首的“八大臣”托孤体制，这个体制出于咸丰皇帝对权力制衡的考虑，却由此掀起了统治阶层的巨大波澜，肃顺、皇太后、奕䜣三方纠结，明争暗斗。生命垂危的咸丰皇帝无论如何也想不到，他自以为周全的考虑却引发了一场政变，不仅使国家的权力运行机制发生逆转，更改变了近代中国的命运。为扫除咸丰帝安置在幼帝身边顾命八大臣的势力，受困于承德避暑山庄的慈禧皇太后积极寻求同盟力量。

正是由于奕譞的福晋是皇太后的亲妹妹，所以在咸丰末年的皇室内部权力之争中，奕譞毅然站到了皇太后一边。当时奕譞正在避暑山庄，他通过自己的福晋，为深处宫闱的慈禧皇太后传递密信，又与在北京的恭亲王奕䜣联系，终于成功促成了“辛酉政变”。在顾命八大臣的核心人物肃顺护送咸丰帝梓宫还京途中，又是奕譞在密云将肃顺亲手拿下，为慈禧皇太后日后登上“垂帘听政”的宝座立下汗马功劳，被慈禧皇太后视为“最靠得住的附和者”(马士《中华帝国对外关系史》)。此后，他获得一连串的封赏，仅半年时间，奕譞获得一大堆头衔：都统、御前大臣、领侍卫内大臣、管理神机营事务等。同治三年（1864 年），又被赐以“加亲王衔”的荣誉；十一年，晋封亲王。

作为皇亲国戚，奕譞所受之封赏已难以复加，此刻他拥有着位极人臣的显贵。然而，不遂人愿的是十九岁成婚的他直到三十一岁仍未有子嗣，福晋叶赫那拉氏曾为他诞育一子，却不幸早夭，盼子心切的奕譞终于又等来了叶赫那拉氏即将分娩的时刻。

子夜，一声婴儿的啼哭刺破了夏夜的沉寂，在福晋叶赫那拉氏所居的槐荫斋内，一个小男孩降临至这个集贵胄与显赫的家庭。虽已是夜半时分，可一家人却欢天喜地，彻夜难眠。

按照清朝的规定，凡宗室子孙均要录入皇族的族谱“玉牒”，依辈分排定用字顺序，由皇上赐名，而非父母做主。奕譞是“奕”字辈，其下是“载”字辈，而名字的第二个字都要加上一个“氵”字边。奕譞早起入朝，兴高采烈地为儿子请回一个象征一生安稳平顺的吉祥名字“载湉”。“湉”的意思是“水流平静”。以“小心”、“恭谨”闻名的醇亲王奕譞，在不胜寒的政治高峰栏杆拍遍并饱览风光壮美的同时，更深知风涛险恶。对他来说，什么“雄心”、“功业”都是些令人厌倦的词汇，政治首先意味着的是风险和毁灭，能让自己的子孙风平浪静地度过一生，就犹如府中太平湖的命名所蕴含的意义一样，是他最大的希冀。然而世事就是这么不可捉摸并且充满荒诞，偏偏就是这个孩子——爱新觉罗·载湉却开始了他惊涛骇浪的一生。

二　同治帝英年早逝

小小的载湉在父亲的光环下锦衣玉食地安乐成长，一天天，一月月，在他有限的视野中，是阿玛、额娘的悉心照顾百般呵护，是乳母、太监的温和恭顺唯命是从，是湖水旖旎桃红柳绿，是莺声燕语无忧无虑。他还没有体验王府森严院墙外的民间生活的能力，亦无从感知爱新觉罗祖先以铁骑赢得天下的辉煌日益暗淡，更无从了解大清王朝的江山社稷正在内忧外患的冲击下片片崩塌。然而，同治十三年（1874 年），不足四岁的载湉，却由于堂兄同治帝的突然离世，他的人生瞬间发生陡转。

同治十三年十月二十一日（1874 年 11 月 28 日），同治帝驾幸西苑时受凉，身体有些不适。然而，十天后，也就是十月三十日（12 月 8 日）下午，同治帝病情突然加重，他开始发烧，并伴有四肢无力、浑身酸软等症状。具体体征为：发热头眩，胸懑烦闷，身乏腿软，皮肤上出现没有凸起的疹形红点。太医视诊后不得不向慈禧太后禀报：同治帝染上了天花！

天花，古称“虏疮”，中医学则称之为“痘疮”，民间一般也称为“出疹”或“出痘”。这是一种因病毒引起的接触性传染病（今已绝迹）。发病后皮肤或黏膜上出现痘疹、水疮和脓疮，伴随着高烧、惊悸、烦躁、嗜睡等症，全身或头面迅速出现疱疮，病重者常因脓毒引起败血症而在数日内死亡；轻者痘疹溃破后结痂脱落，愈后往往留有疤痕而形成麻脸。

其实中国人很早就已经了解天花了。早在清朝建立前 1300 年的两晋时期，关于天花的医学记载就已经出现在文献中了。当时著名思想家葛洪著有《肘后备急方》。“肘后”是指该书篇幅很小，可以挂在胳膊上随身携带，相当于现代所说的“袖珍本”。“备急”就是应急的意思，用现代话说，就是一本“急症手册”。他在《肘后备急方》中写道：有一年发生了一种奇怪的流行病，病人浑身长出一个个的病疮，起初是小红点，不久就变成白色的脓疮，不断溃烂，一碰就破，伴以发高烧，说胡话，十个有九个治不好。侥幸治好的，皮肤上也会留下一个个小斑痕，起初发黑，一年后才逐渐消失。这病就是天花，记载十分准确和详细，比西方医学界认为最早记载天花的阿拉伯医学家拉齐斯要早五百多年。此后随着传统医学的进步，到宋朝和元朝，不少医生已经能专门诊治天花，并缓解其发病的症状。正因如此，尽管民间百姓及宫廷贵族虽不免仍有患病甚至致死者，但就其危害本身，已不足以影响社会的稳定。因此，在野史及正史中，我们很少发现对天花的描述和因此而引起恐惧的记载。

可是，我们在明末清初这一时期的文献中却发现满族对天花十分恐惧。谈迁《北游录》载：

> 满人不出疹，自入长安，多出疹而殆，始谓汉人染之也。于是民间以疹闻，立逐出都城二十里。而都城外俱满洲赐庄，彼窭人子安所适乎？多茹泪弃婴道侧。或恋一室，不能单外，至毙其子女。见闻交痛。

此外，清初的文献中常常有关于清王朝大举“驱痘”的记载。

清廷如此兴师动众防范天花，是因为入关前后天花对满族民众生命安全的威胁远远超过了它对中原地区民众生命的威胁，在天花高发期，人口的大量死亡直接威胁政治稳定和军事安全。

为什么天花的感染率和死亡率在满族人群中有如此高的比例？

首先，东北寒冷，病毒不易流行。

满族是东北地区的原住民，他们世世代代生活在白山黑水之间，这里气候寒冷，人口稀少，病毒不易流行传染。而天花的泛滥以中原地区为主，因而，入关前天花对于满族的威胁不大，因此满族民众也就缺少抵抗天花的免疫力。

其次，清初满族民众不适应中原气候。

伴随着满族入关，部众南移后，中原湿热的气候使他们难以适应，在最初满族移居和适应这种气候的时期里，他们对于各种流行病的抵抗能力大大降低。因此，满族感染天花，并由感染不治而亡的人数十分巨大。在满族人的心里，天花就是吞噬人们生命的恶魔！

在大清皇室家谱《玉牒》里面，记载了大量皇室成员的死亡数字，观之触目惊心：

顺治皇帝生有八个阿哥，其中四个早亡，另外六个格格竟死得只剩一个；康熙皇帝共有三十五个皇子，其中十五个早亡，二十五个公主则死掉十三个，其他皇室成员的子女，死的就更多了。死的原因主要是疾病，而天花是最主要的致命杀手。天花不仅危及未成年人的生命，对于成年人，依然有很高的感染率。

顺治初年，正是天花高发时期。努尔哈赤的第十五子，也就是多尔衮的弟弟多铎，骁勇善战，威震中原，可健壮的他依然没有躲过天花的劫难，在顺治六年（1649年），三十六岁的多铎因感染天花不治身亡。

顺治帝一生都在躲避天花，在他统治时期，他曾规定皇室成员“避痘”，也就是在天花流行的时期，尽量回避与可能感染天花的人接触。顺治八年，京城天花泛滥，在十月至十二月期间，顺治帝以狩猎为名，携带着太后、皇后躲避于遵化的深山里。皇子出生以后，按照朝中规定要即刻抱出宫外，由保姆等人照顾，以“避痘”。如康熙帝出生以后就被保姆抱出皇宫，直到他两岁以后出过天花方才回到宫里。顺治帝一生都在躲避天花，可命运却偏偏和他开了一个玩笑。顺治十七年（1660 年），正在京城张灯结彩，准备过春节的喜庆时间里，宫中却传出了消息：顺治帝感染了天花。虽然找来了最好的御医诊治，五天以后，二十四岁的顺治帝依然离开了人世。

因此，人们想尽办法防治天花。到康熙时期，民间已经有了预防天花的措施——鼻苗法。具体方法是：在还没有出过水痘的人鼻子里放置痘苗，就是把症状较轻的天花患者的疱浆植入还没有出过水痘人的鼻腔，或者将结痂碾碎后吹入鼻腔，所以又叫“吹苗法”，预防效果很好。康熙二十一年（1681 年），康熙帝将江西种痘的民间医师朱纯嘏招至宫中，专门给皇室子孙和宫廷官员子孙种痘。这是中国历史上最高统治者推广种痘的开始。康熙皇帝为此很是得意，在其《庭训格言》中明示：

> 国初人多畏出痘，至朕得种痘方，诸子女、尔等子女，皆以种痘得无恙，今边外四十九旗，及喀尔喀诸藩，俱命种痘，凡所种皆得善愈。尝记，初种痘时，年老人尚以为怪，朕坚意为之，遂全此千万人之生者，岂偶然耶。

既然如此，同治帝为什么还能染上天花呢？

因为宫中水痘得以控制以后，人们就渐渐地忽视了天花的威胁。嘉庆以后，阿哥种痘制度已形同虚设，同时传统的种痘方法并不能百分之百地有效。咸丰帝就曾出过天花，虽然生命无忧，可在脸上却留下了无法抹平的麻点，成了人们通常所说的“麻子”或“麻脸”。当慈禧太后听说儿子生病，尤其听人禀报儿子皮肤上出现没有凸现的疹形红点时，慈禧太后失魂散魄，因为天花的感染并没有高贵与低贱之分，死神的光顾不分皇帝与平民。

十一月二十日以后，同治帝病情恶化，他开始出现毒疮，而且毒疮在腰部溃烂如洞，流脓不断，疼痛不止，面颊肿硬，口喷臭气。“湿毒流聚腰间，红肿溃破流脓水。……痘后余毒湿盛。”之后，虽然“痘痂俱落，而腰间溃孔，左右臀部溃孔……”

至十二月初五日酉刻，同治帝“六脉已绝”，病逝于养心殿东暖阁。

少年皇帝还没有来得及过他二十岁的生日就死去了，虽然朝廷对外宣称是死于天花，但依然引起了朝野上下种种议论与猜测。

从一般常识上说，在当时的情况下，虽然尚未找到医治天花的有效办法和药物，但就是普通百姓，患天花一般也还不至于死亡，所以民间把天花称作“天花之喜”，何况是堂堂天朝皇帝，身边有的是高明的御医，怎么就那么容易死了呢？就是在宫廷里曾经贴身服侍过慈禧太后的女官德龄，也对同治死于天花的说法有所怀疑，她认为:“同治的身体一向十分健壮的，论到天花这一种病症也绝非就是绝症，只要医治合法，调护适宜，要治好也是很有可能的，至多不过使同治那样一个美少年变为麻脸而已。”

另外，从十月三十日发痘到十一月二十日，痘情已经基本得到控制，痘结痂脱落。为什么此后又突然流毒继发，而且部位集中腰臀，溃烂流脓，继发失眠多梦、遗精尿血等并发症状，又并非是一般出水痘的症状。于是，同治帝的死因引人联想。

人们怀疑同治帝不是死于天花，而是死于梅毒！

梅毒是一种慢性接触性性病。起源于美洲，15 世纪哥伦布发现新大陆后，梅毒通过海员和士兵在欧亚两洲迅速传播，16 世纪以后传入我国广东岭南一带，后逐渐传入内地，大多流行于社会底层，尤其是花街柳巷。因为患者皮肤上毒疮红肿溃烂，状似杨梅，民间就名之为“杨梅疮”，简称为梅毒。

人们怀疑同治帝死于梅毒并非毫无根据。

第一，人们认为他有感染梅毒的可能。

根据是同治帝在选皇后的时候，与慈禧发生了意见分歧。婚后，慈禧太后千方百计地离间帝后二人的关系，派太监阻止皇帝和皇后相见，又强迫同治帝亲近慧妃。同治帝虽有一妻四妾（慧妃之外还有瑜妃、瑨妃和珣妃），却左右不是，不能自主，因此索性谁也不亲近，终年独宿乾清宫。又有传言说，不止一人在市井中亲眼见过同治帝的行踪。后来，宫中就传出同治帝出痘病重之事。据此，人们有理由怀疑，皇帝微行时染上了梅毒。

第二，人们认为他临死的症状像梅毒。

根据是同治帝从十一月二十日以后，开始出现毒疮，而且毒疮在腰部溃烂如洞，流脓不断，疼痛不止，面颊肿硬，口喷臭气。后身体溃疡，并蔓延连接在一起，最后“走马牙疳”而死。这一症状与梅毒患者临终十分相像，因此人们认为他是梅毒而死。

第三，同治帝真的死于梅毒吗？

我们不能完全排除同治得病以前已经患有梅毒的可能。因为同治帝的微服私访不仅仅是时人笔记、稗史中的描写，事实上在《翁同龢日记》中也有记载，因为朝野早已议论纷纷，哄传皇帝在宠臣和太监的带领下冶游、私访，只是碍于君臣名分不敢直说。问题是，可能感染梅毒的同治帝，是否就一定死于梅毒？

据现代医学知识，梅毒感染发病十分缓慢，须经过三个发展期，如果达到全身溃烂，不治而死，须得五年以上乃至更长的时间。依据史料判断，同治帝即使死前真的感染梅毒，病史也不应该很长。如果没有其他材料的印证，就确认同治帝死于梅毒，这样的结论还有待商榷。

同治帝死于梅毒缺少确凿的证据，那么，朝廷对外宣称是死于天花就可信吗？难道就不会出现慈禧为掩盖同治帝感染梅毒而篡改事实的情况吗？人们对此十分怀疑！

于是，在同治帝死后，人们为他的死因是天花还是梅毒争论不休，各执一词。他的死因也与“太后下嫁”、“顺治出家”、“雍正夺位”并称为清宫四大奇案。

那么，同治帝究竟死于什么病？

20世纪 70 年代，研究人员从堆积如山的清宫档案中找到了《万岁爷天花喜进药用药底簿》，这是一本敬事房太监根据御医李德立、庄守和从同治帝得病入宫请脉起，直至十二月初五日夜同治帝病死，前后三十六天的脉案、处方以及服用 106 副药的情况所誊抄汇辑成的册簿。这是同治帝病情的完整记录，非常有价值。研究人

员依据这个药底簿的记载，邀请中医学方面的专家共同认定药底簿所描写的病状是天花而不是梅毒。(拙著《说慈禧》有论)

同治十三年十二月初五日（1875年1月12日）傍晚，偌大的紫禁城笼罩在一片玄素之下，同治帝经历了三十六天的病痛折磨，带着满身疮痍，带着母亲的厚望与悲痛的泪水，匆匆离开了这个世界。王公大臣们摘下帽缨，太监卸下宫灯，一切器物鲜艳的颜色被迅速尽行遮盖。从亲贵到大臣，从太监到宫女，似乎都在为同治帝的丧事悲涕奔忙。然而，每个人的心中都思忖着同一件事情：同治帝无子，新皇帝将会是谁？慈禧又将如何规划未来的政局？

不满二十岁的同治帝，拖着恶疾缠身的病体，早早地撒手人寰。古人云“王侯蝼蚁，毕竟成尘”，早死晚死，都是个死。不过皇帝的生死毕竟与芸芸众生大有区别，区别就在于百姓死了仅仅牵扯到一家人的感情，而在一个民族命运系于一人身上的时代，皇帝死了，那可是非同小可的大事情！首先一个问题就是谁来继承大统啊。常言道：“国不可一日无主。”否则这个专制政权怎么维持得了？然而同治帝虽然后宫美女如云，竟然没给大清皇朝留下半个可供传承皇位的子嗣。那么这一国脉所系的头等大事究竟应该如何解决？

三　由王子而天子的人生转折

按照祖训，皇位继承应该采取秘密立储的方式，也就是皇帝在自己的皇子中进行全面考察，最后秘密确定一位皇位继承人，等老皇帝死后，依此宣布新皇帝的名单。这种方式历经雍正、乾隆、嘉庆、道光四朝而成为定制。但是秘密立储需要几个前提条件。

秘密立储最关键的环节是皇帝一言九鼎，政由己出。即他有百分之百的权力决定皇位继承人。这才能够保证他秘密观察，择“贤”而立，避免选非其人，诸子纷争。如道光帝在秘密立储之前，以他手中所操纵的绝对的全权，对于有希望继承皇位的儿子进行充分的考察后，按照他自己所确立的标准，最终选定皇四子为皇位继承人，这一过程谁也不得插手。

秘密立储为当朝皇帝提供了灵活的选择权，但他必须生有多个子嗣。如康熙帝生育了三十五个皇子，成年的有二十位，然后在符合条件的皇子中进行选拔。咸丰帝生了两个皇子，二子出生当日而卒，咸丰帝死于热河的时候，只有长子载淳一人可继承皇位，这是天下共知的事实，也就没有了秘密立储的必要。

可在同治朝立储的问题上，秘密立储的方式却遭遇了前所未有的尴尬处境。

同治帝没有高度集中与强化的皇权作为保障。虽然他在位十三年，可亲政以前皇权一直操纵在母亲慈禧的手里，他只不过是母亲手里的一个提线木偶——政治傀儡罢了。即使在亲政的一年里，大政方针也依然必须遵循母亲的意志，他不会拥有全权去秘密立储。最要命的是他没有把一儿半女带到这个世界上来，失去了秘密立储的基本条件。所以，秘密立储对于他而言，既没有可能，也没有意义。

秘密立储已历经雍正、乾隆、嘉庆、道光四朝，这个方法受人推崇、令人瞩目。可同治帝死后，皇位继承没有了秘密立储作为保障，为慈禧太后在皇位继承权的重大问题上玩弄权术、上下其手提供了可乘之机。由于这一偶然的因素，中国的历史再次被纳入慈禧太后意志的轨道，危险地滑行下去！

同治十三年十二月初五日（1875 年 1 月 12 日）酉时（晚 6 时），同治帝死于养心殿的东暖阁。戌正（晚 8 时），慈禧便与慈安在养心殿西暖阁紧急召见各亲王、贝勒、御前大臣、军机大臣和总管内务府大臣、弘德殿行走等二十多人召开紧急御前会议。

毫无疑问，会议的主题就是确定皇帝继承人。对于刚刚丧子的慈禧太后而言，主持这样一个会议，心情一定十分复杂。自然，慈禧中年丧子的那种切肤之痛是难以言表的，从徐珂的《清稗类钞》中可见一斑：

> （咸丰帝）即宾天矣。予见大事已定，心始安。然彼时虽极悲痛，以为犹有穆宗（同治帝）可倚。孰意穆宗十九岁，遽又夭折。自此予之境遇大变，希望皆绝。

然而，她恰恰又不是一般的母亲，悲痛之余，她首先想到的是最高权力如何传承的问题，此事不决，天下大乱！她所谓的“希望皆绝”，确是当时的实录。但其中的利害之计与感情纠葛孰重孰轻，那就只有天知道了！

总而言之，此时的慈禧太后必须收敛痛苦，镇定和果断地确定立嗣大计，其他的一切都不在考虑之列。有多年垂帘经验的慈禧，总衡内外，操持朝政，经历了多少风风雨雨，惊涛骇浪，早已锻炼成一个铁石心肠的“铁女人”了！眼下的政治危机与当年丈夫咸丰帝死后苦斗肃顺一党，夺权杀人的场面相比；与垂帘听政、打压奕䜣、使所有的皇亲国戚俯首帖耳相比；与扫平洪水猛兽般的“长毛”、“捻匪”相比；与和咄咄逼人的“夷人”虚与委蛇、转祸为福相比，废立一个皇帝又何足挂齿！此时此刻，她唯一感到遗憾的是她为什么只有一个儿子。既然自己绝了后，那谁当皇帝就更得由我说了算！说不定这倒是个转祸为福的好机会呢。同治帝无后，自己不是更可以说了算吗！

其实，在同治帝痛苦的弥留之际，宗室亲贵就已经在私下里围绕着皇位继承人的问题议论纷纷，当时出现了如下几种推测：

一种是在“溥”字辈中进行挑选。

清朝的皇统一直是父死子继，可同治帝死后已经无法按此规矩办事了。那么谁有资格当皇帝呢？按照清朝的惯例和中国历史上的皇位继承制度，继承人选应该从比同治帝低一辈的“溥”字辈近支宗室中挑选，算是为同治帝立嗣承祧。虽然这是一个没有办法的办法，但也符合“父死子继”的传统。可当时“溥”字辈的人只有两人：溥伦和溥侃。溥伦十七岁，而溥侃只有八个月，他们都是道光帝长子奕纬的孙子。八个月的溥侃太小，没有继承大统的可能，而十七岁的溥伦与八个月的溥侃相比，年龄可以，但考虑到血缘，问题又出现了。溥伦和溥侃的父亲贝勒载治不是奕纬的亲生儿子，而是由旁支过继而来的养子，从血缘上追究不能算是近支宗室。因此“溥”字辈能否继立，还有待商榷。

一种是从“载”字辈中推举。

以“兄终弟及”为原则，在与同治帝同辈的近支兄弟中进行推举，也未尝不可。当时，“载”字辈中已有数人，除奕纬过继之子载治外，奕䜣之子载澂、载滢（时刚刚过继给嘉庆帝的孙子奕谟为嗣）；醇亲王奕谖之子载湉（时不足四岁）。其他皆为远支，血缘较远，不应选择。

众人的议论和猜测不过是说说而已，最后的裁决还得听慈禧太后的。

养心殿西暖阁里的御前会议依然在进行，而各怀心腹事的亲贵权臣们也被迅速召集到养心殿，等待处理同治帝的丧事与迎接新皇帝进宫事宜，他们将期待和狐疑的目光投向西暖阁，那里将决定至高无上权力的归属。

很快，慈禧太后为天下人解开了这一“悬念”。

慈禧太后是怎样运筹帷幄，决定新君之位的，正史记载得很少，据亲自参加了西暖阁御前会议的翁同龢在日记中透露的消息，大致情况是这样的：“太后召诸臣入，谕云：此后垂帘如何？枢臣中有言宗社为重，请择贤而立，然后恳乞垂帘。”

西暖阁会议刚开始，慈禧太后并未提出立嗣之事，而是先问以后怎么垂帘听政，这是一个大大出乎群臣意料的示意，但立即有人提出异议，认为应该先解决立嗣问题。慈禧反驳说：“文宗无次子，今遭此变，若承嗣年长者实不愿，须幼者乃可教育，现在一语即定，永无更移。我二人（慈禧与慈安）同一心，汝等敬听。”

在谜底揭开之前，慈禧太后先做了一个铺垫，也就是对她即将做出的抉择来一个“合理”的解释。她的解释是，咸丰帝没有次子可以继立，而在“载”字辈中寻找年长的人继立，缺少早期储君教育，心有不愿，选幼小的人为皇帝，可以进行教育。于是，她适时地搬出了慈安以压服众人,“我二人同一心”，你们就敬听我们的安排吧。

这时，她才揭开谜底,“则即宣曰：醇亲王奕譞之子着承继文宗显皇帝（咸丰帝）为子，入承大统，为嗣皇帝”。

这个人就是载湉。

慈禧太后选中载湉的理由很简单，那就是完全出于她的政治需要。玩这种政治杂耍的人历史上所在多有，并不新鲜，这么做，无非为了一个“权”字，对于嗜权如命的慈禧来说，她的这种选择应该在意料之中，没有必要大惊小怪。

人们一直对慈禧太后的垂帘听政予以谴责，总觉得她的垂帘听政名不正，言不顺；总觉得男人当国比女人当国强得多，这不是，晚清的烂摊子不都是慈禧太后搅和的吗？换了男人当皇帝也许中国就不会这么倒霉了！

其实，男人当国还是女人当国，在今天看来没有什么争论的必要。问题的关键是你慈禧太后当国之后打算干什么？是励精图治，革除积弊，放眼世界，重振华夏雄风；还是暗藏一己之私，抱残守缺，蝇营狗苟，醉生梦死，置天下苍生于不顾？

如果是前者，这个“帘”“垂”得；这个“政”“听”得！

君不见，在中国历史上，帝位之争曾上演过多少骨肉相残、流血火并的悲剧，引发多少次生灵涂炭的社会动荡。就清王朝而言，在乾隆帝即位前的几乎每一次皇嗣之争都伴随着一场刀光剑影的争斗。尤其是康熙末年，皇子争立，各树党羽，雍正帝虽然取得了皇位，但为了统治的稳固，也不得不对诸兄弟及其党羽大开杀戒。如此的手足相残，势必是亲者痛、仇者快，其结果是内耗了自己的力量。如何才能避免这不必要的仇杀与对立？没有一个铁腕人物行吗?!

而慈禧太后恰恰就是这个铁腕人物。

问题是慈禧太后“垂帘听政”的目的不是前者而是后者。这就让人扼腕切齿了，因为她的“垂帘听政”将把中国推向更危险的深渊！

她要尽一切努力确保新皇帝继任以后她依然可以操纵皇权，剩下的问题就是选谁当未来的皇帝对自己最有利了。

盘算来，盘算去，觉得如果选择“溥”字辈的人，姑且不虑血缘稍远的问题，仅仅对于慈禧太后而言就存在着一个致命的威胁，那就是一旦“溥”字辈的人继承同治帝的皇位，慈禧太后将成为太皇太后，而以皇太后身份垂帘听政的就是同治帝的皇后阿鲁特氏。慈禧太后怎么可能把权力拱手相让给他人？

如果选择“载”字辈中年龄接近成年的载澂、载滢，那么伴随着他们继承皇位的同时，也就意味着他们即可亲政。慈禧太后不仅无从再行垂帘，况且其父奕䜣也可为之出谋划策，更加有利于摆脱慈禧太后的控制。慈禧太后必须放弃对这兄弟两人的选择。

慈禧太后最后把目光聚到载湉的身上。其一，载湉以咸丰帝儿子的名义继承大统，而他所继承的只是皇位，慈禧太后依然可以凭借皇太后的名义把持皇权，只有四岁的载湉离亲政还需有十余年的光景，慈禧太后依旧可以垂帘听政；其二，载湉的父亲是咸丰帝的弟弟，而母亲又是慈禧太后的妹妹，从血缘亲情上看，在诸候选人中无人能比。所以，慈禧太后只能选择他，而且必须选择他。

慈禧太后的决定令在场的人惊诧不已！参加西暖阁御前会议的人们毫无思想准备，大家面面相觑，瞠目结舌。而醇亲王奕譞的失常反应，又使在场的人于惊诧之中平添了几许慌乱。《翁同龢日记》载：

> 维时醇亲王惊遽敬唯，碰头痛哭，昏迷伏地，掖之不能起。

醇亲王奕譞近乎夸张的表现，是他惊悉自己的儿子已成为大清皇帝瞬间的真实反应，他复杂的心情人们很难准确理解，更是语言难以确切描述的。在当时复杂的心境中，喜与忧的成分是最主要的。

首先，古往今来，皇位意味着至高无上的权力，也是尊荣富贵的极致所在，更是所有的野心家、阴谋家倾心关注与竭力争夺的焦点。而慈禧的决定对于奕譞而言无疑是“喜从天降”，自己的儿子顷刻之间就成为万乘之尊的大清皇帝，眼前的一切亦真亦幻，他怎能不被这无比的幸运给砸晕呢？

其次，与此同时，奕譞也一定意识到这一决定对自己而言也许是“祸从中生”。从此，他深爱的儿子不得不离开家，离开自己的庇护与关爱，像同治帝一样成为慈禧太后操纵权柄的工具而被玩弄于股掌之中。自己虽为皇父，却不得不与儿子执守君臣之礼。更为可畏的是，他的言行将被万人瞩目，慈禧太后也会高度关注，自己将如何而为？因此，手足无措的他自然是难以自持。

面对慈禧太后的断然决定，参加西暖阁会议的“诸王不敢抗后（慈禧）旨”，（《翁同龢日记》）加上奕谩突然昏厥所引起的混乱，当太监们把奕谩扶上轿子回府准备迎接新皇帝进宫事宜的时候，西暖阁会议便草草结束了。在慈禧太后的指挥下，一部分大臣准备大行皇帝的“遗诏”和新皇帝即位的诏书；一部分大臣准备仪仗迎接新皇帝入宫即位。《慈禧外纪》载：

> 此时已过九点，狂风怒号，沙土飞扬，夜间极冷，但慈禧于紧要时机，不肯片刻耽延，立即派兵一队，往西城醇王府，随从黄轿一乘，用八人抬之，迎接幼帝入宫。

不足四岁的载湉在睡梦中被唤醒，他哪里知道自己已经摇身一变成为大清帝国的皇帝，他哭着喊着被永远带离了自己熟悉的王府，离开了无限关爱自己的父母。长长的路，长长的夜，一路急匆匆的人马在寒风中直奔紫禁城而去。《翁同龢日记》载：

> 寅正（清晨4时）一刻闻呼门，则笼烛数支入自门矣。余等通夜不卧，五鼓出。

当新皇帝被接入养心殿以后，人们揭开轿帘，小载湉在“舆中犹酣睡矣”。（《翁同龢日记》）

在举朝都为同治帝置办丧事和为新皇帝登基大典做准备的时

候，慈禧太后也在加紧自编自导她的第二次“垂帘听政”。

十二月初九日，宣布以明年（1875 年）为光绪元年，光绪的寓意是：“缵道光之绪也”，也就是继承道光帝传下来的皇位。光绪元年（1875 年）一月二十日，光绪帝举行登基大典。

载湉成为清朝历史上第十代第十一位皇帝。

为什么是第十代第十一位皇帝？因为载湉虽然在同治之后继承皇位，但他是以载淳弟弟的身份继承咸丰帝皇位，因此第十代就有了同治帝与他两位皇帝。

第二章 紫禁城内的君臣母子

一　宫墙之内的儿皇帝

不足四岁的载湉被慈禧扶上了皇帝的宝座，并非因为他是一个可造之材，具有成为一代明君的潜质，而是因为只有载湉继承皇位，慈禧太后才能够继续以皇太后身份操控皇权。而此时载湉由王子而天子的转变，又有谁能够视其为天加恩威视其为人生中的幸运？

当夜深人静时分，小载湉被人从甜美的梦乡拉起，由生于斯长于斯的太平湖畔被无情抛至这个巨大、威严、华丽而寒冷的宫殿之城时，他的命运就注定与孤独凄冷相伴。慈禧为使她的第二次垂帘听政看起来合情合理，不惜将这个既是外甥又是侄儿的载湉从他的亲情之蚌中粗暴地拉出，置于她的御案之上，全然不顾骨肉分离的巨大痛楚！紫禁城中的一切都令这个幼儿感到陌生、恐惧而疏远。

在他的眼中，紫禁城由诸多辉煌的宫殿组建而成，一座座殿宇高大而巍峨。那时的他还无法理解紫禁城所显现的政治意蕴。其实，这里与其说是一座建筑群，不如说是权威意志和专制观念的体现。从根本上说，这座穷极了人间物力的建筑并不是为了舒适地居住，而是为了昭示皇帝与上天的关系，传达帝王不可动摇的威严。它的整体布局象征着天上的星座：宫中有三大殿，是因为天上有三垣；后三宫连同东西六宫共为十五座，正合紫微垣十五星之数。庞大的宫殿群红墙黄瓦，不仅因为美观，更因为只有红黄二色才能配得上皇帝的尊严：红属火，火主光明；黄属土，土居中央……在这个权力的象征物里，每天批发着世界上最密集的阴谋；笼罩着世界上最严密的规矩；呈现着人间顶级的浮华和奢靡。但在这应有尽有中却唯独缺乏一样东西：简单而平凡的亲情。

这里建筑造型华丽气派，庭院明朗开阔，高高矗立的太和殿坐落在紫禁城对角线的中心，四角上栩栩如生的吉祥瑞兽却是小载湉他驻足观看最多的景象。后部内廷庭院深邃，秩序井然，宫灯联对，绣榻几床，装饰、陈设一应俱全。然而，却独独没有了额娘亲切的眼神温暖的怀抱熟悉的体香；这里殿宇金砖铺地，丹陛高大，汉白玉石雕基座边缘都装饰着雕刻精美的栏板、望柱和龙头，在栏板地栿石下，刻有小洞口；在望柱下伸出的龙头也刻出小洞口。每到雨季，雨水逐层由各小洞口下泄，形成千龙喷水，蔚为壮观。这种场景是太平湖畔的王府所见不到的。特别是雕有蟠龙并衬托以海浪和流云的"御路"，更是专属于自己。可是无论紫禁城有多么的富丽堂皇，但他依然郁郁寡欢，因为这里偏偏缺少了太平湖畔柳绿花红的温馨与笑语。

令他不解的是：如此华美的宫殿与繁复的陈设却烘托不出勃勃向上的生机，空旷的广场上，总是有一大群低眉顺目的人簇拥着依着华丽、表情高傲冷漠的姨妈伯母；王公大臣总是在远远丹墀之下整齐地三叩九拜，并对他山呼万岁；无论怎样思念阿玛、额娘,他也只能泪眼婆娑地远望着这令他无法跨越的厚厚宫门。对于这个不足四岁的小儿来说，眼前的一切就像摆在眼前无解的高次方程一样，让他一头雾水无法解析。其实，专制强权下的政治需求高于一切，在冷冰冰的政治面前没有亲情也无需温情。

进入紫禁城之后，载湉的生活犹如被设定了程序一般，刻板运转，借以维持大清王朝平稳发展的表象。他每日都需“天未明即起”，睡眼迷离的状态下正襟危坐在养心殿东暖阁那张坚硬的御座上，与慈禧一同早朝，召见或引见大臣，虽然不参与其中任何事情，但他也必须端坐在那里，充当着慈禧“垂帘听政”的道具。对于孩童来说，他一身兼有皇帝、学生、儿子三个角色，每个角色都要做好，每个角色都不能偏废，对于一个正处于成长和发育中的幼童来说，无疑是缺少人性而且是相当残忍的。在处处充斥着规则礼仪的宫廷政治生活中，载湉犹如木偶一般在别人的“操纵”下机械地完成着周而复始的活动，仅仅一个三大殿一般性的使用都充满着规则：皇帝登极即位、皇帝大婚、册立皇后、命将出征，每逢万寿节、元旦、冬至三大节，都要在太和殿接受文武官员的朝贺，并向王公大臣赐宴；而前去太和殿举行大典前，又要在中和殿稍事休息和演习礼仪；祭祀天地和太庙之前，也要先在这里审阅一下写有祭文的“祝版”；在到中南海演耕前，也要在这里审视一下耕具；每年除夕皇帝赐宴外藩王公要在保和殿进行。他完全不知道机械地做这些事的意义，他只知道，在这广阔无垠的禁宫之中，每一寸空间都充满着看不见摸不着的“规矩”。我们无法想象进宫的当天晚上，躺在巨大空旷的殿宇之中的孩子，面对生活环境的巨大变化，心里是多么惊惶和迷惑。我们只知道，从第二天起，他的生活就完全改变了。那个原本无拘无束的孩子现在变成了帝国机器上不可或缺的一个零件。

对于自己的姨妈伯母，小载湉怎么也亲近不起来。从进宫的第一天起，他总是处于太后的纠正和训斥之中。精明强干的慈禧在教育自己的亲生儿子时，无疑是一位失败者。忙于政务的慈禧长时间令同治帝在没有竞争却缺少关爱的环境里成长，虽然日日学习，可他的学业鲜有进步。直到他十六岁的时候，连皇帝每日需要批阅的奏折，仍然“读折不成句”。面对小皇帝不成器的状态，慈禧心急如焚，她常常督促师傅们:“设法劝讲，不可再耽搁。”面对母亲的严厉督促，同治帝并没有从此振作起来，他在每日的功课里没有获得乐趣，与慈禧期望的相反，处于青春期的他，开始在纵情声色中寻找生活的乐趣，并由此一发不可收拾。

而对继子光绪帝，她却矫枉过正。在为小皇帝挑选太监时，慈禧特意指出:“所有左右近侍，止宜老成质朴数人，凡年少轻佻者，概不准其服役。”这个以权力为生命的女人首先要做到的，是对养子的绝对控制。从进宫的那天起，那些面容呆板的老太监，“像灌输军事知识一样”天天教育他:“他应该永远承认太后是他的母亲，除掉这个母亲之外，便没有旁的母亲了。”(德龄《瀛台泣血记》)除此之外，太后也不放过任何一个机会，来树立自己的绝对权威，培养小皇帝的绝对服从。按照太后的要求，小皇帝“每日必至太后请安，不命之起，不敢起，少不如意，罚令长跪”(古灵后人《清外史》)。在平时，“孝钦后乘舆出，德宗亦必随扈，炎风烈日，迅雷甚雨，不敢乞休”(徐珂《清稗类钞》)。太后每顿赐给他的饭菜量都很大，即使他已经吃饱，也不得不一口口吃得干干净净。因为那不是普通的食物，那是太后的天恩和意志。

教育学家认为，作为孩子，他们时刻都在评估自己的能力，评估自己在别人心中的位置，评估他人对自己是否认可。然而，在苛责而教条的教养环境下成长起来的孩子，一次次被主宰他们命运的力量剥夺了自主性行为，他们便深深处于自我否定的无能感中，且不再认为这种“无能感”是可以改变的。纵观光绪帝的成长，性格中上述特点非常明显。他拘谨懦弱，胆小怕事，同时又固执倔强，不善变通。既追求完美，下意识地期望以慈禧的要求来评价自己同时，又对自己和对他人都缺乏宽容。毋庸置疑，一味否定慈禧的苛责教育从而忽略她对同治帝、光绪帝的培养的初衷是不公平的，但是苛责中却只能制造出一间精神牢笼，陷光绪帝于自卑、暴躁或懦弱中。如果失败教育实施于普通的个体，可能造成的是个人、家庭的悲剧，然而失败教育实施于专制政权下的皇帝，它必将导致王朝政治的诸多悲剧的上演。在光绪帝教育中，认为慈禧重蹈同治帝失败教育的覆辙，一点也不为过。

在慈禧身边，光绪帝日益成长为一个缺乏自信的孩子。不知何时，他已经患有了口吃的毛病，一见到慈禧就期期艾艾，越是被指责越是不利索。作为“儿皇帝”，他没有存在感，他是多么希望讨得慈禧——这个唯一亲人的欢心！

二　森严壁垒的君臣母子

入宫前，载湉“文静”而少顽劣的性格曾经是慈禧太后十分喜爱之处，因为刚刚死去的同治帝，是清代十二个皇帝中最顽劣的一个，从小顽皮异常，任性乖张，常常是年迈的师傅跪求在地讲解读书的重要，以至于十六岁依然“读折不成句”。长大后，更是心生叛逆，时常在陪读堂兄载澂安排下，流连于京城的花街柳巷。依慈禧太后的判断，小载湉起码不会蹈此覆辙。

然而，经过进宫后一段时间观察，慈禧太后开始质疑自己当初的决定，因为她发现这孩子缺少爱新觉罗子孙应有的尚武勇敢决绝的个性。

首先，这个孩子十分胆怯，一听到雷声就吓得满地乱跑，大哭大叫，冷汗不止。《翁同龢日记》记载，一次光绪帝“读（书）时正雷电，以一手拥护，左右而大声，以雨声相乱”，需有大人在旁百般抚慰，才能稍缓恐惧。除了雷声，即便是鞭炮声、锣鼓声，他也会惊恐万状。

其次，小载湉体弱多病，入宫前，在醇王府曾经得过重症痢疾，险些丧命，幸亏采用针灸治疗，才得以不死，但身体一直很弱。不仅入宫前半年所患痢疾而导致的脐部时常流脓需要人倍加关照，而且三天两头闹病，不是感冒头疼就是呕吐腹泻，几乎没有一个月消停过。她经常担心这孩子活不长。就是长成了，这么单薄的身子骨，怎么能担得动那么繁重的政务？

慈禧太后为事果决，精力充沛，像《宫女谈往录》中老宫女的回忆一样：“老太后就是讲究精气神儿，一天到晚那么多的大事，全得由老太后心里过，每天还是……精神饱满，不带一点疲倦的劲儿。”她一生精明强干，“吃东西也必定要端端正正精精致致地像个吃的样。穿双鞋，也必定要袜线对准了鞋口，丝毫也不能对付。

精明认真是老太后的秉性。”面对孩子期期艾艾、怯懦退缩的神情，她怎么都不觉得这是一个雄才大略的料。她不得不慨叹：或许这就是大清的命吧！然而，慈禧太后清楚的是，不论这个孩子以后能否成长为文韬武略的皇帝，毕竟眼前他充当着二次垂帘不可或缺的角色。即便她明令孩子必须称自己为亲爸爸，现实生活中醇亲王奕譞夫妇就是载湉的亲生父母，这是不容抹杀的事实。要想让载湉心悦诚服地认自己为母亲，成为自己可操可控的政治提线木偶，就必须割断他与醇亲王奕譞夫妇之间的一切联系，让自己的威严深深地烙印在小载湉的心上，以便于实现对皇帝的长期控制。

为了达到这样的目的，慈禧太后从载湉入宫不久即开始对他实施“威严”教育。为此，她专门制定了断亲情、立威严、传孝道的生活准则和教育方针，她要以强制性的手段，用灌输的方法实现这一目标。

首先，断亲情。

载湉进宫以后，慈禧不顾骨肉之情，强行切断了载湉与亲生母亲之间的一切联系，甚至中断了与原来在醇王府那些照顾载湉的保姆、丫鬟、太监的联系。

信修明《老太监的回忆》中记载：

他（光绪帝）自三岁被抱进宫中，身体本不强壮，时常闹病。在府（醇王府）中虽有奶嬷，太后不允许奶嬷进宫。摘下奶来就交范督（总管太监范长禄），范总管性子温和，有婆子气，能哄小孩，然而究竟不及女人。

幼童对于熟知的环境和亲人有着一种本能的依赖，但慈禧为了使载湉忘记这一切，不顾孩子的心理，粗暴地终止了这一切，致使“他的父母都不敢给他东西吃”。(德龄《清宫二年记》) 载湉入宫18天，慈禧便以两宫太后的名义颁布懿旨，规定今后光绪帝“所有左右近侍，止宜老成质朴数人，凡年少轻佻者，概不准其服役”。(《清德宗实录》) 所谓“老成质朴之人”，无非是能顺从慈禧的旨意行事的宫中太监，而这些老成质朴的人也确实不折不扣地贯彻慈禧的指示。据德龄《瀛台泣血记》说：

> 当光绪初进宫的时候，太后就嘱咐那一班服侍他的人，像灌输什么军事知识一样的天天跟他说，使他明白了自己已经不是醇王福晋的儿子了，他应该永远承认太后是他的母亲，除这个母亲之外，便没有旁的母亲了。

慈禧希望通过这种潜移默化的方法，在光绪帝小小的心灵中，逐渐树立起她与孩子之间这种所谓的母子关系。

其次，立威严。

慈禧割断了载湉所熟知的醇亲王府一切联系之后，以威严教育强化他，在光绪帝幼小的心中，强化她绝对权威的形象。为了能够使光绪帝时时依从自己的主张，光绪帝入宫不久，慈禧就不断地折杀光绪帝心中天子至尊的形象。

《戊戌变法资料》记载：

> 西太后待皇上无不疾声厉色，少年时每日呵斥之声不断，稍不如意，常加鞭挞，或罚令长跪；故积威既久，皇上见西太后如对狮虎，战战兢兢，因此胆为之破。至今每闻锣鼓之声，或闻吆喝之声，或闻雷辄变色云。皇上每日必至西后前跪而请安，惟西后与皇上接洽甚少，不命之起，则不敢起。

难道还有人胆敢鞭挞或惩罚至高无上的天子？然而这并非夸张。从 1903 年开始，随侍慈禧身边的女官德龄亲眼见证了类似的事情。德龄在《清宫二年记》中记载，光绪帝“一至太后前，则立严肃，若甚惧其将死者然。有时似甚愚蒙”。“其母子间，严厉之甚，岂若吾徒对于父母者耶？”

光绪帝在成长过程中根本体会不到至高无上的帝王、天子所拥有的独断乾坤的尊严和君临天下的霸气。入宫后，每逢太后在养心殿召见或引见臣工时，他都必须到场，正襟危坐。前有群臣跪对，后有皇太后垂帘，对于臣下来说，他是至尊天子，而对于慈禧来说，他只是奉命唯唯的“儿皇帝”，在他的心里永远都有一个挥之不去的绝对权威、绝对的君主——慈禧，自己的“亲爸爸”。

第三，传孝道。

慈禧太后在断亲情、立威严的同时，还借助传统伦理道德约束光绪帝，反复强化孝道教育。

据德龄在《瀛台泣血记》中说：慈禧太后为了让光绪帝长大成

人后仍然能够顺从她,"特地再三教人去传翁同龢，要他格外侧重孝的教育。除掉把启蒙时所读的《二十四孝》不断地继续讲解之外，《孝经》那部书，也是最注意的"。

慈禧太后从主宰者的立场出发，站在施予者的角度，片面强调载湉及其家人必须对她感恩戴德。可是她不明白，感恩是由爱激发个体心灵而产生的共鸣，促使受体产生更深刻的情感体验，萌发他们的感恩心理，增强他们的感恩意识的一种行为。慈禧太后无法意识到，她所谓的恩赐，无情地拆散了人世间最真挚的情感——骨肉亲情，慈禧太后强行实现的与载湉之间的母子关系是建立在幼儿从小失去家庭的保护与温暖、父母失去骨肉亲情的极度痛苦之上的霸道行为，而不是慈禧所理解的千年等一回的恩惠！这就是专制！这就是霸道！慈禧太后是专制的代表，她霸道地剥夺了本属于载湉及其家人的家庭温暖，她的霸道无情对于亲人也绝不例外。

小载湉被强制地带离了父母，离开温暖幸福的家，走进了陌生的深宫。这里有周而复始的烦琐礼节，有难以穷尽的应对，还有慈禧无所不在的威严。这位大清历史上第十一位皇帝究竟过着怎样的生活？他得到了令人羡慕的锦衣玉食、仆从如云的"幸福生活"和亿万人无限向往的王者之尊吗？

慈禧把小载湉带入宫中，建立了所谓的母子关系，却疏于对小载湉的关心与照顾。这一方面源于慈禧忙于朝廷纷繁复杂的政务，另一方面则源于慈禧作为母亲所呈现的自身的不足，她对儿子，无论是前期的同治帝，还是后期的光绪帝，都是威严有余而关爱不足。慈禧奉行威严教育，她完全不考虑一个孩子有什么感情需要，更不考虑一个还处于幼童期的光绪帝需要什么样特殊的生理与心理照顾和关心。总之，她是一个不称职的母亲，根本不理解孩子在成长过程中最需要的就是“母爱”，在正常“母爱”的滋润下，让成长中的孩子感到生活的美好和人间的温暖。

这样一个性情敏感、体弱多病的小皇帝，他所需要的是母亲般的体贴与关爱、父亲般的依靠和支持。然而，他既没有皇帝应有的尊崇，也没有一个属于幼童所应得到的关心与照顾。

《戊戌政变记》中引述太监寇连材的笔记说道：

> 中国四百兆人中境遇最苦者莫如我皇上（指光绪帝）。盖凡人当孩童时无不有父母以亲爱之，顾复其人，料理其饮食，体慰其寒暖，虽在孤儿，亦必有亲友以抚之也。独皇上五岁(实为不足四岁）登极（基），登极（基）以后，无人敢亲爱之，虽醇邸之福晋，亦不许亲近，盖限于名分也。名分可以亲爱皇上者，惟西后（慈禧）一人。然西后骄侈淫佚，绝不以为念。故皇上伶仃异常，醇邸福晋每言辄涕泣云。

从个人关系而言，光绪帝是慈禧的外甥也是侄儿，他们之间有密切的血缘关系。然而，在封建社会等级分明的宫廷政治中，权力大于亲情，一切无不以权力得失的利害关系为归依。由此引起骨肉相侵、父子相杀、兄弟相残的事情历史上屡见不鲜，从来不讲什么血缘亲情。慈禧对光绪帝“绝不以为念”倒还不至于，因为光绪帝的存在与慈禧政治命运攸关。同治帝是在奶妈的怀中长大的，那个时候，慈禧正忙着浓妆艳抹、争风吃醋，无暇顾及襁褓中的婴儿。现在，她已经独掌乾坤，宫中甚至天下人的生死荣辱取决于她的喜怒哀乐之间，以往绞尽脑汁预谋种种争宠之事已成为昔日黄花，失去争宠任务的她可以把对同治帝的一份母爱歉疚拿出一点点施舍给光绪帝。后来她回忆说："皇帝入承大统，本我亲侄。从娘家算，又是我亲妹妹之子，我岂有不爱怜之理！皇帝抱入宫时，才四岁，气体不充实，脐间常流湿不干，我每日亲与涂拭，昼间常卧我寝榻上，看着天气寒暖，亲自为他加减衣襟，节其饮食。皇帝自在醇王府时即胆怯，怕听到大声特别是雷声，每有打雷下雨，我都把他搂在怀里，寸步不离。"

事实并非全如慈禧太后所言，但作为现实主义者，她的选择已不能更改，她所能做的就是尽力把小载湉塑造成为她心目中孔武有力的君主。

精明强干的慈禧太后在教育上是一个失败者。对亲生儿子同治帝，她宽严无度，以至于一度母子关系十分紧张。而对继子光绪帝，她却矫枉过正。在为小皇帝挑选太监时，她特意指出："所有左右近侍，止宜老成质朴数人，凡年少轻佻者，概不准其服役。"这个以权力为生命的女人，首先要做到的是对养子的绝对控制。按照太后的要求，小皇帝"每日必至太后请安，不命之起，不敢起，少不如意，罚令长跪"。（古灵后人《清外史》）在平时，"孝钦后乘舆出，德宗亦必随扈，炎风烈日，迅雷甚雨，不敢乞休"。（徐珂《清稗类钞》）

慈禧太后时常忽略对载湉精神的抚慰、情感的交流和生活的关爱。入宫后的光绪帝，是在孤独中长大的。烦琐的宫中礼节，经常不断的严词训斥，没有母爱，饮食寒暖没有人真心去细心照料，应倡导应禁忌之事，无人去指点揭示。小载湉常常“腹痛不思食”，由于太监们不负责任，他的日常饮食非常不合口味。《戊戌变法资料》记载，光绪帝每日饭食“大率久熟干冷不能可口，皇上每食多不能饱。有时欲令御膳房易一馔品，膳房必须奏明西后，西后辄以俭德责之，故皇上竟不敢言”。因此，吃不饱的小皇帝常常跑到太监房间里找吃的。

信修明《老太监的回忆》说：光绪帝“十岁上下，每至太监房中，先翻吃食，拿起就跑。及至太监追上，跪地哀求，小皇帝之馍馍，已入肚一半矣。小皇帝如此饥饿，实为祖法的约束，真令人无法”。

光绪帝从小面对的就是慈禧冷若冰霜的面孔，咄咄逼人的目光，严厉的呵斥，严格的管束。有道是“成人不自在，自在不成人”，为了让载湉成为自己心目中合格的工具，她给予载湉的是疏于关心的日常生活和正常人难以忍受的压力！长期陷于无助和孤独之中的光绪帝，没有童年的欢乐和自由，从小就心情抑郁，精神不快，造成身体积弱，难以抵挡疾病的侵袭。这直接影响着他以后的精神状态及身体状况。

转眼间，光绪帝在宫中度过了他最不适应的一年，至光绪二年（1876 年）年初，虚岁六岁（实际只有四岁半）的他按照清朝的祖制该上学了。

三　亦师亦父的翁同龢

慈禧太后将小载湉带进宫中一年后，按照祖制给他安排帝师。

以往的朝代，因为实行嫡长子继承制，因此为皇太子设立专门的老师。而清朝自雍正朝开始，实行秘密立储制度，不公开继承人，于是所有皇子普遍实行教育，且课程时间和纪律要求十分严格。赵翼《檐曝杂记》载：

> 本朝家法之严，即皇子读书一事，已迥绝千古。余内直时，届以早班之期，率以五鼓入，时部院百官未有至者。惟内务府苏拉数人往来。黑暗中残睡未醒，时复依柱假寐，然已隐隐望见有白纱灯一点入隆宗门，则皇子进书房也。吾辈穷措大专恃读书为衣食者，尚不能早起，而天家金玉之体乃日日如是。既入书房，作诗文，每日皆有程课，未刻毕，则又有满洲师傅教国书、习国语及骑射等事，薄暮始休。

清朝祖制规定皇子六岁开始读书。同治帝登基就是读书的年龄，因此应设帝师。小载湉也是皇帝，慈禧同样要为他找寻帝师。如何把自已费尽心机扶立起来的光绪帝培养成称心如意的听话国君，成为这一时期慈禧反复思虑的头等大事。经过一番权衡和比较，慈禧认为翁同龢是最合适的人选。不仅仅因为翁同龢国学功底深厚，才华横溢，更重要的是他曾做过同治帝的师傅，授读时尽心尽力，效果之佳，在人耳目。慈禧决定选翁同龢做光绪帝的师傅。

正式开学的时间，选择在光绪二年四月二十一日（1876 年 5 月 14 日），而“开学典礼”却提前进行了。

在养心殿东暖阁内，小皇帝面南坐在一张小桌后，翁同龢与侍学诸臣叩拜后，翁同龢走上前，在皇帝面前的小书案上铺好纸张，端端正正地写下“天下太平”和“正大光明”八个字，众人对小皇帝的期望无不包含其中。然后，他又把着皇帝的小手，在红仿格纸上重写一遍。整个师生见面会只持续了三刻钟。

养心殿东暖阁从这年开始，到光绪二十三年正月（1897 年 2 月）书房裁撤，光绪帝共与师傅相伴学习二十二年。

我们来看看翁同龢在日记里对光绪帝学习状况的记载：

“读极佳，一切皆顺，点书不复争执矣”（光绪四年十一月四日）；

“读甚佳，膳前竟无片刻之停”（光绪五年二月二十六日）；

“自是日起，上不俟军机，起即到书房，此于功课大有益也。卯正二来，读极佳，且能讲宫中所看《圣训》”（光绪八年元月二十四日）；

“事下极早，读甚发奋，功课虽未照常，亦复八九矣”（光绪八年七月十一日）。

从整个《翁同龢日记》记载的情况来看，光绪帝的学习情况大致分成两个阶段：

第一个阶段：光绪四年以前，不适应期。

这一时期，光绪帝的功课以认字、背书为主，学习内容枯燥、乏味，又由于此时光绪年龄太小，日日晨起学习，正是活泼好动的年龄却被束缚在教室里读书，因此小光绪不耐烦，常常无论如何相劝，就是静坐不理，甚至嬉戏啼呼，哭闹不止。

第二个阶段：光绪四年后，渐入佳境。

光绪四年以后，载湉的课程改为全天，压力加大，身体较差的光绪帝难以承担，但他渐渐地热爱学习，学习的状态也越来越投入。翁同龢在日记中如上记载比比皆是。

光绪帝与同治帝都是幼年继承皇位，都由翁同龢做老师，都是慈禧垂帘听政，而两个皇帝的学习状态竟然如此的不同。我们不否认两个孩子之间有着巨大的个体差异，但除此而外，是不是还有别的原因？有这样两个原因值得考虑：

首先，心理的原因。慈禧是同治帝的亲生母亲，虽然宫中的一些规定使得母子不能尽享母爱儿欢，但对亲生骨肉发自内心的疼爱与关心是无法阻隔的，即使有时显得严厉与无情。然而，光绪帝则不同。不足四岁的小载湉幸福而温馨的家庭生活在一个晚上被突然打断，代之而起的是陌生的环境、繁杂的事物和这个被称为“亲爸爸”的女人无穷尽的呵斥与严惩。光绪帝的宫中生活孤独、无助，这种寄人篱下的生活使他不得不仰人鼻息，他以一颗幼小的心灵努力体会慈禧的喜怒哀乐。渐渐他发现，读书不好，就会遭到慈禧严厉叱责。而读书认真一些，慈禧就能够给自己一点温情。当他渐渐明白了这个道理以后，就常常以读书来讨得慈禧少有的温情。

其次，是对翁同龢父亲般的依恋。翁同龢自从成为光绪帝的师傅以后，就将自己的一片怜爱倾注在这个可怜的小皇帝身上。他不仅在学习上耐心细致、不厌其烦地开导，而且在生活上也无微不至地体贴和照料，常常为光绪帝排解心中的烦恼。光绪六年，慈禧生病，光绪帝的生活更加无人过问。太监有时就让他自己照顾自己：光绪帝自己铺炕，弄得手指出血；自己倒水，结果手上被烫起了泡。翁同龢见状气得大骂："左右之人皆昏蒙，不识事体！"翁同龢的一举一动在光绪帝的心灵中留下了深刻的印象，孤独、无助的他，把师傅视为保护神和依靠。光绪帝时常因"腹痛不思食"而空腹到书房读书，太监既不向慈禧禀报，也不向翁同龢说明，于是光绪帝常常出现血糖太低、体力不支的情形。每每遇到这样的情形，翁同龢总是找太监理论，为光绪帝撑腰。师傅为孩子排解心中的小小不安是极其平常的事情，而在光绪帝的心中，翁师傅是多么慈祥、多么公平、多么伟大，师傅是他心中的依靠。随着时间的推移，光绪心里渐渐地形成了对翁同龢犹如父亲般的依恋。师傅让他努力学习，他就照着师傅说的去做，他要让师傅开心，他要让师傅永远留在自己的身边。

光绪三年七月（1877 年 8 月），翁同龢请假回籍处理家事，光绪帝从慈禧那里知道了这件事情以后，非常失落，一天都"意绪不佳，彷徨不已"。(《翁同龢日记》)本来第二天无课，可他仍"传明日书房照常"，不愿意让师傅走。翁同龢离京的两个月中，光绪帝无心读书，不但遍数减少，甚至连读书声也没有。待翁同龢回到书房，光绪帝拉着翁同龢的手，眼里含着幸福的泪水哽咽地说："吾思汝久已！"一个说得情真意切，一个听得老泪横流。这一天，光绪帝意气风发，一遍遍大声读书。小光绪是用自己本能的童真表达着师傅归来的那种幸福与欣喜，他更想用自己优异的表现来挽留住师傅，希望师傅不要将自己一个人孤独地留在这个没有温情、没有关爱的深深禁宫之中。孩子的童真感动了书房的太监，他们偷偷地告诉翁同龢:“久不闻此声也。”(《翁同龢日记》)此时，光绪帝只有七岁。

至光绪八年以后，光绪帝在书房里学习和看书已经成为一种习惯，这里成为他寻找依靠和精神慰藉的乐园。每逢宫中节日、庆典，慈禧偏爱看戏，而光绪帝却对此不感兴趣，在这样的时候，他常常一个人躲到书房读书、写字。他说:“随从人皆愿听戏，余不愿也”,“此等皆郑声也”。(《翁同龢日记》)连慈禧都说:“(皇帝)实在好学，坐、立、卧皆诵书及诗。”

对于光绪帝渐渐表现出来的聪明好学和感悟力强的特点，翁同龢欣喜不已，他觉得只要好好引导，光绪帝一定会成为大有作为的君主。

第三章　艰难曲折的亲政之路

一　中法战争中的甲申易枢

按照中国古代宫廷的惯例，皇帝十四岁就应该亲裁大政了。清朝也延续了这一惯例，无论是六岁登基的顺治帝，还是八岁登基的康熙帝，都在十四岁亲掌朝政。然而，到了同治帝，就像清朝本无“母后垂帘”而慈禧仍然能将“垂帘听政”实施下去一样，什么“惯例”、什么“祖制”，慈禧都能找到打破的借口。同治帝直到十八岁才得以亲政，除了因为同治帝“学识俱劣”和一些不尽如人意的客观实情之外，慈禧恋栈皇权、不愿撤帘归政是问题的根本所在。

光绪十年（1884 年），光绪帝十四岁了，无论是按照历史的惯例，还是按照清朝的祖制，光绪帝都应该临朝亲政。可有慈禧所创造的同治帝十八岁亲政的先例，亲政的问题朝野上下无人敢于提及。慈禧独揽皇权的欲望早已被大小朝臣洞悉，只是彼此心照不宣罢了。无形之中，人们只好把希望寄托在光绪帝十六岁、十八岁甚至二十岁上，因为大家知道，慈禧这位“老佛爷”善于创造历史奇迹。

光绪十二年，光绪帝十六岁。除了口吃这一先天不足以外，无论在哪一方面，都远远地超过了当年的同治帝。光绪帝性情宽厚、沉毅静穆。在老师翁同龢的指点下，读了清朝开国以来的历史和列祖列宗的圣谕圣训以后，他变得更加懂事，责任感和使命感陡然而增，“自欲振励，勿用人扶”。（《翁同龢日记》）为此，他汲汲渴求新知，读书尤为刻苦。他每天黎明前即进书房读书，一年四季，每日如一，即使下了书房后，他也是行立站卧皆诵读诗书，连慈禧也不得不承认："皇上实在好学。"光绪十二年，光绪帝一病数月，"日服药五剂，尤诵书不止"，(《翁同龢日记》)身体刚刚恢复，又进书房学习。翁同龢每每忆起同治帝典学时期的顽劣与师傅们每每挥泪劝学的情形，他就为光绪帝的好学所感动，他似乎在光绪帝的身上看到了王朝未来的希望，"上（光绪帝）体犹未平，仍日日来书房，勤学如此，非人间所及"。(《翁同龢日记》)此时，诸王亲贵、枢机群臣，乃至于慈禧本人都不得不承认，无论是礼法、祖制，还是光绪帝的"学识德业"，似乎再也没有推迟归政光绪帝的理由了。时间在分分秒秒地与慈禧的权力欲进行挑战！

早在十二年前，慈禧强立不足四岁的载湉为帝。为了笼络人心，慈禧曾经公开做出两项保证：即待光绪帝生子即为同治帝立嗣与一俟皇帝典学有成，即行归政。

然而，对于慈禧来说，二次垂帘的十余年如白驹过隙，兑现诺言的时刻倏忽之间临近。尽管，由于光绪帝还没有大婚，为同治帝立嗣的保证可暂且不提，然而归政一事，即使百般不愿，可到底已是迫在眉睫。此时，她心如烛照：对于归政一事，既已"早经降旨宣示中外"，如果"旋即反复"，将"使天下后世视予为何如人也"？(《光绪朝东华录》)但是，操控皇权二十余年，她早已习惯了发号施令、驾驭臣工。可以说，慈禧为了经营与维护自己的地位和权力，费尽心机，一朝放弃，岂能甘心！因此，为继续巩固她无冕女王的地位和权威，她就不能不为归政后继续操纵朝局做好一切准备。

慈禧准备工作的第一项就是军机大换血！

军机处是一个直接关系到王朝大政方针运作的机要部门。现有的军机处所有成员进行全部撤换！

一般认为军机处大约组建于雍正七年（1729 年）。当时，正值雍正对西北准噶尔用兵，往来军报紧急频繁，必须迅速而缜密地处理。可是内阁距宫禁太远，往来不便；而且耳目又多，不利于保密。为此，雍正帝便在宫内隆宗门附近建板屋数间，称军需房，办理机密事务，后来又改名为军机房、军机处。

隆宗门内便是养心殿，清代自雍正帝开始，将皇帝日常办公地点从乾清宫搬到了西路的养心殿。西北用兵告毕，军机处并未裁撤，因为它已成了皇帝得力工具，职权反而大大扩充。军机处的板屋，也改成今天我们所见的砖瓦房。

雍正帝及其以后的历代皇帝都十分看中军机处的作用，乾隆帝称由于有了军机处“权衡悉由朕亲裁”。究其原因是军机处的特殊职能和办事方式符合专制主义中央集权日益加强的需要。

军机处的特殊表现在它不是清朝法定的、独立的政府衙门，而是直属皇帝领导。它无官署（只有值班办事的地方，称“值庐”，隆宗门旁的瓦房便是）、无定员、无专官、无属吏。人员由皇帝自己从亲王、重臣中拣选，均是兼职，按资历地位分别称为军机大臣、军机大臣上行走、军机大臣上学习行走等，统称“军机大臣”，俗称“大军机”。人数不定，少时三人，多时六七人，内中为首者，称为“领班”或“首枢”。起初，每日只有“领班”见皇帝。军机大臣一般是六七十岁的人，更有年过八旬的。

军机处办事是迅速而机密的。每天清晨都要谒见皇帝请旨，并迅速处理军国大事。军机处昼夜都有人值班恭候，以备接见，从不误事。皇帝外出巡幸、谒陵、避暑，都有军机大臣相随，因此像隆宗门旁那样的军机处值庐，别处也有。每日折奏无论是几十件或上百件，一律当天办完，从不耽搁。“密谕”的传递速度，十分可观。只要军机大臣在信封上注明，一日便可行三百里、五百里，甚至“加快六百里”，快捷程度，前代罕有。因为军机大臣掌握机要之事，因此皇帝接见他们时，左右太监一律退出。可是，进出门时需要掀帘子，这件事也只得由军机大臣中的末一位来担任，因此当时有“挑帘军机”之称。军机处的值庐是机密重地，不准闲人窥伺。内中使用的杂役人员，都是十五岁左右不识字的幼童，俗称“小么儿”。皇帝经常派人在军机处附近稽查、监视，嘉庆时还传旨：自亲王至满、汉大臣都不得到军机处与军机大臣谈说，违者严惩。军机处后院有一扇小门，也特旨堵死，大概是防止有人“走后门”吧！

慈禧联合奕䜣发动政变以后，奕䜣一直领导军机处，虽然其间经历了同治四年慈禧的打压，被革去“议政王”的名号；经历了同治十二年同治帝的肆意打压，险些革去亲王王位与一切职务。但二十余年的用人行政，足以证明奕䜣不是素餐尸位的庸碌之辈。他练达的能力、相对开阔的视野以及一定的外交能力，是慈禧执政中不可缺少的干将，无论慈禧怎样打压他的势力，领班军机的职位一直由他担任，这充分体现了奕䜣不可或缺的才干。然而面对归政光绪帝时间的迫近，慈禧心中隐忧丛生，她决心在归政前一定将奕䜣驱逐出权力核心！慈禧这样做的目的是很明确的：

其一，从根本上铲除奕䜣力量。光绪帝不是自己的亲生儿子，归政后，自己能否依然操控自如？这是非常令慈禧担忧的。尤其令她不放心的是，奕䜣统领的军机处是掌管军国大事运作的中心所在，如果自己撤帘归政，谙熟朝政运作的奕䜣势必如脱缰的野马，到时自己将鞭长莫及，又如何暗操皇权？此时，对于慈禧而言，如果能够组建一个由自己的嫡系组成的军机处，就可以在军国大事的运作上贯彻自己的主意，由此就可使自己长久把持朝政，而根绝奕䜣东山再起的可能。

其二，要切实建立自己独立操纵的军机处。更换军机、免除奕䜣的职位，留下来的权力空缺正好可以安插慈禧认可的、即使光绪帝亲政以后也不会无视自己存在的亲信宠臣。这样，不仅可以操纵亲信挟持光绪帝继续按照自己的旨意办事，还可以保证自己虽撤帘却仍在幕后继续操纵朝局目的的实现。

决心已定，慈禧要做的就是等待时机了。

中法战争进行期间，慈禧找到了良机。光绪九年（1883 年），法国一方面不断向越南调兵遣将，并大举北进；一方面利用外交手段向清政府进行讹诈，力图用武力恫吓逼迫清政府满足它的侵略要求。面对法国所制造的西南边疆严重危机，朝野上下“战”、“和”分歧十分明显。

主战者以醇亲王奕譞、军机大臣李鸿藻以及湘系官僚左宗棠、刘坤一等为代表。他们强调抗法的必要性：就利害关系而论，中越山水相连，唇齿相依，法国侵越，“非徒并越，而特欲以越为根脚耳。粤边之煤矿，滇中之金矿，无不垂涎”，（《中法战争》）所以中国断无坐视之理。

主和者主要是淮系官僚，直隶总督兼北洋大臣李鸿章是其代表。李鸿章认为中国不必为越南而与法国开战，虽然中越之间一直承袭宗藩关系，但越南并不是中国领土：

> 窃查中国之于属邦，向止循封贡虚文，并不干预其政事，侵占其土地，原系圣朝宽大之典。自欧洲各国东来，窥见此意，遂生觊觎。其在南洋与英、法占地相近者，如缅甸、暹罗，旧皆我属，今已为英人分治，其国君拥虚位而已。
>
> （李鸿章《李文忠公文集》）

当此之时，越南在中法力量间游弋，观中国战乱频仍，便依附法国，而当法国处处干预事务，并有鲸吞蚕食之象时，又转而求救于“上国”，为越南与法国开战得不偿失。

光绪十年正月（1884 年 2 月）李鸿章给总理衙门的一封公函，从士气、战术、装备、训练等方面分析法军优越于清军的状况，要奕䜣或者避战求和，或者下令前线避开阵地战，展开丛林战和游击战，方能取胜。

这封公函表达了长久以来李鸿章一直主和的缘由。

作为当时最高权力的控制者，慈禧在对法交涉的“战”、“和”态度上游移不定，迁延不决。相当长的时间内，慈禧没有明确的态度。她把处理这一严峻局势的全权交给李鸿章，命其“相度机宜，妥为筹办”。（《中法战争》）很明显，慈禧态度的含混，表明她对中法战争存在极大的侥幸心理。而此时，身为军机领班的奕䜣，对“战”“和”这样关乎国家命运与未来的大问题也不置可否，甚至动辄请假或不入朝，不和不战、麻木不仁。奕䜣的态度，令当朝诸臣十分不解，翁同龢更是心急如焚：“如何如何，愤懑填膺也。”（《翁同龢日记》）人们不禁要问：那个纵横捭阖的奕䜣哪去了？此时的奕䜣身心俱疲，锐气全消，孤立无援。

第一，身体欠安。

自从咸丰十一年（1861 年）与慈禧联手扳倒八大臣以后，奕䜣就入值军机处，这一做就是二十余年，内忧外患的国家政局，使得奕䜣几乎没有片刻闲暇。光绪八年，长期的劳累奔波，日积月累，奕䜣的身体健康状况迅速下降，经常感觉倦怠。八月以后，更是感觉身体不支，有时甚至几天不能入值军机，且经常便血，无奈请长假在家养病。十二月初一日（1883 年 1 月 9 日），鉴于奕䜣病情无法在短期内恢复，总理衙门许多事亟待处理，慈禧太后正式谕令李鸿章代理该衙门有关外交大事。次年二月（1883 年 3 月），奕䜣病愈，但仍精神不振。慈禧召见，见其依然难堪繁巨事务，于是又赏假一个月，让他安心调理。直至该年六月（7 月），奕䜣才重入军机。而此间正是法国不断在西南边疆挑起事端、朝野上下“战”“和”难决的时候。

第二，锐气全消。

奕䜣在与慈禧二十余年的合作中，对于慈禧的专断擅权、阴险毒辣的领教，早已非止一二。每一次的挫折都使他的锐气有所消磨。同治初年，奕䜣意气风发，大有挽江山于既倒的胆识与魄力，朝野上下好评如潮,“恭王任事，委权督抚，朝政号为清明。颇采外论，擢用贤才能，待达者不为遥制”。(《祺祥故事》) 然而，奕䜣势力的异军突起，使慈禧无法容忍，于是就有了慈禧在同治四年以日讲起居注官蔡寿祺参劾为口实的全力打压，不仅削去了“议政王”的名号，而且还致使骄傲的奕䜣经历“双膝跪地，痛哭谢罪”的蹉跎。同治十二年，又因在同治帝重修圆明园的问题上拍案而起，被同治帝削去王号，罢免本兼各职。虽经两宫太后做主，撤销了处分，仍主持军机，但鼎力任事的魄力已远不如任事之初，凡事多有回避，很少建言。

第三，孤立无援。

光绪七年，慈安暴病身亡，两宫垂帘骤然变成慈禧独裁。虽然慈安生前，朝政的掌控也是慈禧为主，但毕竟有慈安的牵制，慈禧还有所顾忌。伴随着慈安的故去，奕䜣势单力孤，更不敢轻易与慈禧面折廷争。

中法战争爆发前后，他对言战颇感犹豫，对言和又颇多顾忌。遭受多次打击和大病初愈的奕䜣此时尽量保持少言说的态度，不断揣摩慈禧的意向。当他觉得慈禧似乎以妥协、议和为得策时，就在各军机大臣们主战的情况下，仍“不欲轻言战”。(《清史稿》) 当光绪九年九月（1883 年 10 月）底，在国内外主战的强烈呼声下，慈禧态度变得强硬起来的时候，奕䜣也随之附和“言战”。然而，他对中法战争的犹豫不决和对慈禧的一味应付，终于引起了朝臣的不满和慈禧的愤怒。奕䜣似乎也感觉到了慈禧的不满，为讨好慈禧，奕䜣为半年后慈禧寿典一事煞费苦心，企图博得慈禧的好感。

《翁同龢日记》载，光绪十年三月初四日（1884 年 3 月 30 日）“恭邸述醇邸语请旨，则十月中进献事也（为慈禧祝寿事），极琐细不得体。慈（慈禧）谕谓本不可进献，何用请旨，且边事如是，尚顾此耶。意在责备。而邸（恭王）犹刺刺不已，竟跪六刻，几不能起”。

此时的奕䜣已经完全没有了昔日的果敢与睿智。

对于嗜权如命的慈禧而言，从肉体到心灵，每一个细胞、每一根神经，都是由权力所组成的。来自任何一方的挑战，乃至于一丝一毫的碰撞，都会引发她的全力反击。即使是潜在的力量，她也绝不姑息。更何况奕䜣这样举足轻重的人物，无论是过去还是将来，慈禧都把他视为权力的威胁，她岂能姑息？慈禧缺少的就是借口和机会。光绪十年初，中法战争连续失败，朝野舆论哗然，慈禧找到了难得的借口。

年初，不断传来进入越南的两支清军连连战败的消息，一支是广西巡抚徐延旭统领的粤西防军约六千人，另一支是云南布政使唐炯统领的滇省防军约八千人。御史们开始纷纷谏言，要求追究战争责任。按律最先逃跑的前敌将领应处死，统兵大员当拿问。慈禧震怒，广西巡抚徐延旭和云南巡抚唐炯均革职拿问。任命潘鼎新为广西巡抚，张凯嵩为云南巡抚。谁来承担失败的主要罪责呢？

奕䜣！慈禧不会错过这个置奕䜣于死地的机会。

三月初八日（4 月 3 日），慈禧召见军机大臣，不失时机地为罢免军机大臣改组军机处制造舆论。她在分析战争责任时，大谈特谈官员因循守旧，应对不力。据《翁同龢日记》记载：“今日入对时，谕及边防不靖，疆臣因循，国用空虚，海防粉饰，不可以对祖宗。”言辞颇为严厉，所指非常明确：军机大臣不得力，不惩办无以对祖宗。

在慈禧的舆论导向下，日讲起居注官左庶子盛昱上《疆事败坏请将军机处交部严议》奏折，严厉弹劾张佩纶、李鸿藻，同时敦促恭亲王奕䜣和军机大臣宝鋆等，不要蒙蔽视听，诿卸责任，而要戴罪图功。

慈禧如获至宝，将折子留中不发，她要不露声色地安排一切。首先，她要把奕䜣支开。恰好第二天，即三月初九日（4 月 4 日）是清明节，慈禧派奕䜣去东陵祭祀，主持慈安皇太后三周年祭典。往返东陵需要一些时间，她完全可以借此机会逐一安排。然后，频频召见亲信宠臣。随后，慈禧以祭奠九公主的名义前往九公主府并留下用膳（九公主也称寿庄公主，奕䜣的同母妹，排行第九，一个月前逝世，当时慈禧已经赐祭过一次），此次，她又以祭奠为借口，不露声色地制造了一次单独召见奕譞的机会，两人进行了秘密的商讨。十二日，慈禧在召见军机后，相继密见了孙毓汶和奕譞。

一切准备停当，慈禧发出致命一击。十三日，奕䜣办理完祭典相关事宜后回来，本应召见，但这一天，慈禧只召见御前大臣、大学士、六部满汉尚书，军机大臣一概未得召见。就在奕䜣和诸军机大臣耐心等待召见的时候，忽然传出太后懿旨，让在场的每一个人都大吃了一惊！这是一份革除奕䜣及全体军机大臣的上谕，宣布将奕䜣为首的军机处全班撤换。奕䜣被革去一切职务，并撤去恩加双俸，令家居养疾，处罚最重。跟随奕䜣二十多年的宝鋆也被开去一切差使，仍以原品休职；李鸿藻和景廉降两级调用；翁同龢革职留用，退出军机，仍在毓庆宫行走，继续为光绪帝授读，处罚最轻。

上谕加给奕䜣等人的罪状是：

> 军机处实为内外用人行政之枢纽。恭亲王奕䜣等，始尚小心匡弼，继则委蛇保荣，近年爵禄日崇，因循日甚，每于朝廷振作求治之意，谬执成见，不肯实力奉行，屡经言者论列，或目为壅蔽，或劾其萎靡，或谓簠簋不饬，或谓昧于知人。
>
> （《清代通史》）

同日又宣布了新军机处的人员组成：礼亲王世铎，户部尚书额勒和布、阎敬铭，刑部尚书张之万在军机大臣行走，工部左侍郎孙毓汶在军机大臣上学习行走。

在不到一个星期的时间里，慈禧完成了军机处大换血，建立了完全听命于自己的中枢机构。这次高层人事大变动，借口之恰当、行动之迅速、更换之彻底、安排之巧妙、反响之微弱，确实出人意料。

光绪十年是甲申年，历史上又把这次重大的人事变动称为“甲申易枢”。

这次奕䜣惨遭罢黜，反对之声寥寥无几，与同治四年那次弹劾风波引起的反响完全不同。那次慈禧在举朝的强大舆论压力下，被迫收回成命，只是削掉奕䜣“议政王”的封号。而这一次罢免反对的呼声甚微，仅寥寥数人上疏。前后十九年，同样是罢黜奕䜣，反差如此之大！

二 曲意逢迎的无奈

作为归政前的政治准备，慈禧通过军机大换血，顺利地解除了奕䜣的“威胁”——这是慈禧归政心中最大的隐忧。随后，组成由礼亲王世铎，户部尚书额勒和布、阎敬铭，刑部尚书张之万，工部左侍郎孙毓汶所组成的新军机处，这一人员安排，可谓煞费苦心。她选任的标准就是要死心塌地为自己服务。慈禧的目的是在自己身边构建起一个势力，即使归政光绪帝以后，依然可以操作自如，依然可以通过他们影响光绪帝的决策。

与此同时，她特别地突出了奕譞在朝局中的重要地位，在公布军机处大名单的时候，慈禧还连发了另一个懿旨："军机处遇有紧要事件，会同醇亲王商办，俟皇帝亲政后再降懿旨。"(《翁同龢日记》)在大事的处理上，军机处必须与醇亲王奕譞商办、裁夺，实质上就是将奕譞置放在军机处领班的位置上。

之所以用奕譞来替代奕䜣，看重的是奕譞对自己的敬畏和忠诚。她就是要通过奕譞——当今皇帝的生父来影响即将亲政的光绪帝，时时保持对自己的一片忠诚。

有两件事情令慈禧深深感到奕譞的“忠诚”。

首先，奕譞主动提出辞掉一切官职。就在载湉被抬入宫中的第二天，醇亲王奕譞似乎知道慈禧心有隐忧，“明智”地向慈禧提出辞掉一切官职。《光绪朝东华录》记载他上奏说：

> 臣前日仰瞻遗容，五内崩裂，已觉气体难支，犹思力济艰难，尽事听命。忽蒙懿旨下降，择定嗣皇帝。仓促间昏迷罔知所措。迨舁回家内，身战心摇，如痴如梦。致触犯旧有肝疾等症，实属委顿成废，惟有哀肯太后恩施格外，洞照无遗，曲赐矜全，许乞骸骨。

儿子做了皇帝以后，醇亲王奕譞充分意识到自己从此将无法参与中枢政务了，这不仅是因为儿子当了皇帝，上殿面君时，难以叩拜如仪，更重要的是他以后出一言、建一策，动辄就会被视为“皇父”、“太上皇”的威势。处理不当，会引起慈禧的疑心。俗话说：功高盖主。可对于他来说，势高也可盖主。怎么办？为了让慈禧放心，最好的方法就是自折锋芒。辞职是最好的也是唯一的选择。

无论醇亲王奕譞是如何考虑的，他的辞职确实令慈禧盘结于心的隐忧得以舒解。由此，慈禧也颇感奕譞对自己无条件的服从，她特别欣慰。“投我以木瓜，报之以琼琚”，慈禧深谙此道。奕譞提出辞职九天以后，慈禧虽然开去了醇亲王奕譞所管的各项差使，却特别给予他两项特权，以示奖赏，即“嗣后恭遇皇帝升殿及皇帝万寿，均拟请毋庸随班行礼。”和赏给“亲王世袭罔替，用示优异”。

其次，奕譞十分配合慈禧对小载湉实施的一切教育手段。慈禧为了使入宫以后的小载湉忘掉原来生活的一切、完全服从自己的意旨，确立了“断亲情”、“立威严”和“传孝道”的教育模式。不管慈禧对小载湉的教育有多么不近人情，奕譞总是十分理解、百般配合，这令慈禧颇为欣慰。

翁同龢在日记中记载了小载湉不适应慈禧的教育方式，对于刚刚开始的学习生活有非常大的抵触情绪，或是静坐不理，或是嬉戏啼哭，即使翁同龢使出浑身解数，也“无知如何”。对此，慈禧的方法就是严厉的惩戒：责骂的同时辅之以不许多吃。为了能让小载湉的学习进行下去，翁同龢不得不求助于奕譞。奕譞一到书房，小载湉就非常高兴，人也变得配合多了。但几次以后，奕譞便不再来了。虽然翁同龢不断邀请，他也借故推辞。今天，我们颇能理解奕譞的无奈和苦衷。儿子思家、思亲人的孤独与痛苦，他非常清楚，在这难以割断的父子亲情面前，他又何尝不惦念自己孤苦无依的儿子。但现实是残酷的，他不得不面对慈禧一言大于天的事实，儿子被选择为皇帝，这是自己无法改变的事实，对于儿子今后的一切事情，他已没有任何决定的权力，关心一时不能关心一世，况且过于频繁的往来也会引起慈禧的不满。所以，奕譞索性不管不问，听凭命运的安排。慈禧知道以后，为奕譞对自己心怀敬畏而非常满意。

对于嗜权如命的慈禧而言，她不是不知道奕䜣的功劳和能力，可是在归政之前的特别时期里，她首先考虑的不是什么枢臣治国之才能，而是枢臣对自己绝对的忠心和服从。此刻，慈禧全然不顾奕譞是光绪帝的生父，理应回避，她要的就是奕譞对自己十几年如一日的效忠尽力，有此就足够了。至于易换中枢是否会带来不利的政治影响，也就只能让位于她对于权力的追逐和安排了。

奕譞则以进一步的行动表达了自己对慈禧不二的忠心。那就是曲意逢迎。有一件事特别能说明奕譞对慈禧竭力维护和曲意逢迎的事实，那就是奕譞积极建议重修颐和园。

颐和园原名清漪园，位于圆明园之西，是乾隆帝为他的母亲钮祜禄氏的六十大寿而建的一片皇家园林，历时十五年，耗银四百五十万两。然而，咸丰十一年（1861年）英法联军入侵北京，纵火焚烧圆明园的同时，又派一队人马冲入颐和园，不仅将园中数万件珍贵的陈设抢劫一空，而且还将万寿山的“大报恩延寿寺”、“田字殿”、“九百罗汉堂”以及后山的苏州街的建筑焚烧殆尽，连万寿山顶的“智慧海”也未能幸免劫难。在此后的二十余年间，这座皇家园林已成杂草丛生、野狐出没的废园。时人王闿运曾经在诗中描写了被侵略者洗劫一空后园中满目疮痍的悲凉景象：

玉泉悲咽昆明塞，唯有铜犀守荆棘。

青芝岫里狐夜啼，绣漪桥下鱼空泣。

慈禧一直为自己归政以后的生活进行着精心的设计，经过同治十二年重修圆明园的风波以后，慈禧知道在现实条件下再次重修圆明园的计划只能停留在想象阶段，那么自己将在哪里颐养天年？

最先为慈禧考虑并提出重修清漪园的不是慈禧本人，恰恰是当年与奕䜣一起坚决反对修圆明园的奕譞。没有史料直接证明这位当朝皇上的生父为什么会突然转变态度而第一个出来建议重修清漪园，分析其原因，充其量也不过是为自己的儿子打点将来吧。奕譞知道慈禧早晚是要归政的，而且他还非常了解慈禧深好炫耀游逸。因此，不如投其所好，借此表示对这位操纵自己儿子、自己及其全家人命运的“皇嫂”一片忠心。

可是，奕譞清楚国家财政捉襟见肘，加强海防、筹建海军尚且需要寅吃卯粮，又能以什么样的理由和借口提出重修清漪园并筹措资金呢？

光绪十一年九月（1885 年 10 月），清政府成立了海军衙门，慈禧任命奕譞担任总理海军事务大臣。这就为奕譞表达自己的“赤胆忠心”提供了理由和施展的机会。

首先，奕譞为重修清漪园找到了理由。光绪十二年八月十七日（1886 年 9 月 14 日），奕譞呈上了《奏请复昆明湖水操旧制折》，“查健锐营、外火器营本有昆明湖水操之例，后经裁撤。相应请旨仍复旧制，改隶神机营、海军衙门会同办理”。（《清末海军史料》）既然，建议恢复在昆明湖进行水操的惯例，那么重修一下沿湖的建筑设施亦在情理之中，于是他继续奏请：“因见沿湖（昆明湖）一带殿宇亭台半就颓圮，若不稍加修葺，诚恐恭备阅操时难昭敬谨……拟将万寿山暨广润灵雨祠旧有殿宇台榭并沿湖各桥座、牌楼酌加保护修补，以供临幸。”（《内务府档案》）

这种瞒天过海的做法，奕譞也深知不堪一击，在几天后与庆亲王奕劻谈论时局时，他道出了自己的无奈与苦衷。在《翁同龢日记》中，翁同龢记载了奕譞的真实想法：奕譞通过庆亲王奕劻“转告吾辈，当谅其苦衷，益以昆明易勃（渤）海，万寿山换滦阳也”（渤海指北洋海军，滦阳指承德避暑山庄）。也就是说，表面上是为了加强水军，恢复在昆明湖操练水军旧制，实际上借此名义重修清漪园作为慈禧颐养天年的游憩场所。奕譞无奈地道出了他建议修清漪园的苦衷，且理由又冠冕堂皇，自然就没有人戳穿他的戏法。于是，重修清漪园的计划得以实施。

其次，为重修清漪园筹措到了经费。同治十二年重修圆明园计划一经颁布，几乎遭到了举朝反对，根本原因是朝廷财政困窘，无以应付如此庞大的工程。可现如今，财政非但没有任何好转，反而雪上加霜，朝廷的财政可谓国敝民贫。主要表现为：中法战争刚刚结束，而边疆危机却日益加深，朝廷无一日不用钱；国内自然灾害连年不断，危害甚重，其中危害最为严重的是黄河年年决口——光绪十一年七月（1885 年 8 月），黄河在长清决口，河北、河南均遭水灾；光绪十二年，黄河于河南决口，又泛滥成灾。生活在水深火热中的人们，性命尚且难保，更何谈上缴租赋！时人对朝廷的财政状况有过一针见血的描写：

> 自军兴以来，财用匮乏，加以水旱频仍，供亿繁费。会计之臣，东罗西掘，或害重而利微，或损多而益少。征税银不遗尺帛，于币项无补丝毫。海内虚耗，百姓困苦，盖未有如今日者也。
>
> （《光绪朝东华录》）

财政如此拮据艰窘，上哪里去筹措经费呢？同治十二年，同治帝为修圆明园，让官员捐修，而直到同治十三年四月二日，即修园上谕发布半年之后，总捐款数还不足三十万两，可谓杯水车薪！重修清漪园如果重蹈官员捐修的覆辙，其结果只能是失败。慈禧深明此理。

然而，强盗自有强盗的逻辑。总理海军事务大臣奕譞终为慈禧重修清漪园找到了款项。既然，昆明湖操练水军的旧制的恢复是为了加强海防，那么重修清漪园也自然是加强海防的必要组成部分，经费也自然应该在海军建设经费中挪用，这种瞒天过海的专款挪用方式成就了慈禧的梦想，可留给我们的却是民族的耻辱和遗憾！

光绪十二年十二月十三日（1887 年 1 月 6 日），“醇亲王奕譞与李鸿章商筹南海工程费，拟以创建京师水操学堂为名，借洋款八十万两”。(《北京历史纪年》) 同时，排云殿业已开工，四十四天后，“水操内学堂”于昆明湖畔开学。就这样，这项花费巨大的工程便在心照不宣的前提下紧锣密鼓地开始了。大量海军建设经费通过总办大臣奕譞之手源源不断地移到“清漪园工程”上来。

据研究，奕譞所挪用的海军军费大致有：海军军费的息银、海防捐银、海军衙门“闲款”和海军军费正款等数项，颐和园重修工程仅挪用海军军费就高达数百万两。(《明清档案与历史研究》)

北洋海军的七艘主力舰，定远、镇远、济远、来远、致远、靖远、经远的购置费为总计七百七十八万两。而在奕譞统领海军衙门的九年中，没有购置过一艘新舰。(《慈禧大传》)

奕譞置海军建设于不顾，为中日甲午战争的失败埋下了祸根。固然，中国在甲午战争中的失败原因是非常复杂的，但仅仅在挪用海军军费这一项上，他们就难逃其咎。

三　艰难的归政之路

中法战争后的光绪十二年（1886 年），光绪帝已经十六岁。屡经蹉跎的他，不仅学已有成，而且在“批阅奏章，论断古今，剖决是非”（《光绪朝东华录》）等方面，也具备了一定的能力。时间在一天天地无情流逝着，光绪帝的亲政与慈禧的归政却不见任何动静。养心殿里，每日无论是召见还是引见，光绪帝依然如泥塑的菩萨一样端坐在前，而慈禧依旧神采奕奕地垂帘于后，听政问政，发号施令。即使光绪帝偶尔对国家军国大事发表意见，也很难引起群臣的注意和重视。此时慈禧的威严仍像一道无形的枷锁，成长中的皇帝无论在治国的韬略上，还是在个人的心智上，都无法自由地发挥。慈禧正以她对权力极度的贪婪欲望，分分秒秒地挑战光绪帝渴望亲政的耐心。朝臣们无法预知这位翻手为云、覆手为雨的“老佛爷”还会有怎样的表演。光绪十二年六月十日（1886 年 7 月 11 日），慈禧与光绪帝召见醇亲王奕譞等人，并发出一道懿旨：

> 前因皇帝冲龄践祚，一切用人行政，王大臣等不能无所秉承，因准廷臣之请，垂帘听政。并谕自皇帝典学有成，即行亲政。十余年来，皇帝孜孜念典，德业日新，近来批阅奏章，论断古今，剖决是非，权衡允当。本日召见醇亲王及军机大臣礼亲王世铎等，谕以自本年冬至大祀圜丘为始，皇帝亲诣行礼。并著钦天监选择吉日，于明年举行亲政大典。
>
> （《光绪朝东华录》）

在这份懿旨中，慈禧表达了三个观点：一是自己有言在先，待“皇帝典学有成，即行亲政”；二是皇帝现在典学有成，表现在“近来批阅奏章，论断古今，剖决是非，权衡允当”，已具备了亲政的条件，我应该践约了；三是确立了皇帝亲政的时间，从今年“冬至大祀圜丘为始，皇帝亲诣行礼”，明年即行亲政。

慈禧的懿旨一经颁布，可谓“一石激起千层浪”，满朝文武纷纷猜测，这真的是“老佛爷”的本意吗？醇亲王奕譞更是心事重重。那么，慈禧的本意究竟是什么呢？

慈禧此时归政的真正用意，历史没有明确记载。但今天回顾这段历史，验之于慈禧一生的所作所为，我们似乎可以对其真正用意做一个符合人性的推断：她并不情愿归政，但形格势禁，她又不得不做出归政的姿态来。

就慈禧个人而言，放弃权力就等于放弃生命。

慈禧是一个嗜权如命的女人，无论是在热河与八大臣进行殊死的斗争，还是屡次打压奕䜣，还是立不到四岁的载湉继皇帝位等行为背后，自始至终无不贯穿着她对权力的追逐，她的生命是由权力铸成的，即使是对别人小到蚊虫叮咬般的分享权力的企图，她也会集聚所有的力量拼死反击，以维护自己权力的完整并证明权力的强大。光绪十二年，慈禧已掌握大清朝政二十五年，可这一年她还不足五十二岁。三十多年血雨腥风的宫廷斗争，慈禧积累了丰富的政治经验与游刃有余的驾驭能力；充沛的精力和过剩的生命力，使得正处于壮年的慈禧能够从容应付繁重的朝政而没有丝毫的倦怠和不适。她怎能甘愿放弃手中的权力，将其拱手让给“乳臭未干”的光绪帝。

然而，严峻的客观形势迫使她不得不摆出一副归政的姿态来。

已经成年的光绪帝，是慈禧无法回避的事实。第一，按照清朝祖制，光绪帝早已过了亲政的年龄；第二，光绪帝典学勤勉，成绩显著；第三，慈禧原本就有承诺：俟皇帝典学有成即刻归政。如果她继续把持权力，无视光绪帝的存在，于情于理都无法交代，势必陷入被动而不能自拔，这不是慈禧处世的原则和做事的方式。

可是，也存在这种可能：一旦慈禧发布归政的懿旨，众臣都同意，公然表示“皇太后圣明”，她将怎样应对？毫无疑问，慈禧一定预料到有这种可能。但三十余年的宫中历练，慈禧早已成为谙熟政治权术的老手，对于审时度势、欲擒故纵的政治谋略，她自然是驾轻就熟。慈禧已经更换了枢臣，她十分清楚，论治国的韬略与才干，他们远逊于上届军机大臣们，然而论对自己的忠诚，她却深信不疑。在国家与自己的利益之间，慈禧选择了牺牲国家的利益来满足一己之私欲。俗话说，“养兵千日，用兵一时”，现在，正是自己需要他们发挥作用的时候。在这盘政治赌局中，她坚信：在她与光绪帝的政治天平上，这些亲信枢臣们一定会将政治的砝码加在自己的一边。所以，在摆出归政姿态的同时，她有控制局面发展的把握。

不出所料，懿旨发布的第三天，也就是六月十三日，请求皇太后收回成命的折子纷纷呈到了慈禧的手里，主旨只有一个，那就是希望皇太后继续掌权。其中，以军机处领班大臣礼王世铎为首的诸臣工奏折和醇亲王奕譞的奏折颇具代表性。

礼王世铎折中主张，伏请皇太后“训政数年，于明年皇上亲政后，仍每日召见臣工，披览奏章，俾皇上随时随事亲承指示”。(《光绪朝东华录》）皇帝虽然亲政了，但皇太后也要依然每日进行召见，继续批阅奏章，皇上无论有大事、小事都要随时请示。毫无疑问，这种主张就是要慈禧归政不归权，光绪帝即使亲政也不过是一个傀儡罢了。

醇亲王奕譞的折请就更加过分了，用翁同龢的评价来解释就是:“含意深远!”(《翁同龢日记》)“王大臣审时度势，合词吁恳皇太后训政。敬请体念时艰，俯允所请，俾皇帝有所禀承。日就月将，见闻密迩，俟及二旬，再议亲理庶务。……臣愚以为归政以后，必须永照现在规制，一切事件，先请懿旨，再于皇帝前奏闻。”(《光绪朝东华录》)按照醇亲王奕譞的主张，连皇帝现在亲政都不合适，即使要亲政也要等到二十岁，亲政后皇帝也务必按照现在的规制，每日请示，再做决断。

如果说礼王世铎的主张代表了慈禧的亲信大臣们对慈禧的忠心的话，醇亲王奕譞就近乎于虚伪了，如此表白肯定不是奕譞的心里话。慈禧归政，对奕譞来说是一件高兴的事情，应该说他早就盼着自己的儿子能够亲政了。然而，他心里非常清楚：十二年前，慈禧之所以选择了自己的儿子继承皇位，无非是为了满足她继续控制权力的欲望。现在慈禧提出归政，只不过是掩人视听，做做样子，她绝不会轻易交出政权。为表忠心，也为避嫌疑，奕譞必须要向慈禧与众人传达一个信息：我永远不会以皇帝生父自居；我永远没有任何非分的妄想。

在这场政治赌局的轮盘中，每一个人都在固守自己利益的前提下掷下了自己的政治砝码。

对这样的结果，慈禧自是欣喜不已：事态正按照自己预定的轨道向前进展。就这样，一向独断专行的慈禧，此时却从谏如流，痛快地接受了醇亲王奕譞——皇帝生父的建议：即使确定了皇帝亲政，也要以皇太后绝对的权威为永远不变的原则。在这场政治游戏中，慈禧成为最大的赢家：既躲开自己迟迟不归政的舆论责难，又可以名正言顺地继续保持至高无上的尊严。大臣们再次进言以后，慈禧正式发布懿旨：

> 皇帝初亲大政，决疑定策，实不能不遇事提撕，期臻周妥。既据该王大臣等再三沥恳，何敢固守一己守经之义，致违天下公论之公也。勉允所请，于皇帝亲政后再行训政数年。
>
> （《光绪朝东华录》）

就这样，慈禧以臣下屡次恳请作为前提，将训政的提议确定下来，此一结果虽然是慈禧的预设，但落得个“不得已而为”的美名。我们不得不慨叹：慈禧将群臣玩弄于股掌之间的手段已近乎出神入化！

为了使训政制度化，慈禧责成礼王世铎起草《训政细则》，经过一番筹划，终于在十月二十六日出笼。在这个《细则》中，除了祭祀、问安等礼仪依然按照垂帘听政的旧制实行，在施政上做了如下规定：

一、凡召见引见，皇太后升座训政，拟照礼臣会议，暂设纱屏为障；

一、中外臣工呈递皇太后、皇上安折，应请恭照现式预备，奏折亦恭照现式书写；

一、乡会试及各项考试题目向例恭候钦命者，拟请循照旧制，臣等进书恭候慈览，择定篇页，请皇上钦定题目，仍进呈慈览发下，毋庸奏请派员拟题……

一、内外臣工折奏应行批示者，拟照旧制均请朱笔批示，恭呈慈览发下……

我们清楚地看到，根据这个细则，光绪帝没有任何可以自行决定和独立施政的空间，他完全被置于慈禧的控制之下。

“恭候慈览”、“恭呈慈览发下”是这一训政体系的最实质的表现，例如：用人权由慈禧裁夺，处理日常事务必须考虑慈禧的意见，召见引见臣工依原仪，披览奏章只有经慈禧阅览后才能下发。

显而易见，由垂帘听政到训政，慈禧只不过是换了一个名称罢了，而操控皇权的实质不仅没有任何改变，反而更加名正言顺。

首先，慈禧可以充分利用训政统治模式来搪塞视听、平息舆论。她可以向天下堂而皇之地表白：我已经归政光绪帝了，至于我继续为王朝操劳，那是群臣的恳请，不是我的本意。

其次，慈禧在制度上为自己确立了主宰的地位。

有了《训政细则》作为保障，慈禧可以放心大胆地为光绪帝举行亲政大典了。

光绪十三年的正月十五日（1887 年 2 月 7 日），是大臣们按照慈禧的授意为光绪帝的亲政所择的大吉之日。虽然，光绪帝的亲政不过是一场掩人耳目的骗局，但这个仪式毕竟还在向世人昭示光绪帝是一个真实的存在。不仅存在，还在日益成长。

上午 9 点，十七岁的光绪帝头戴金冠，身着大黄龙袍，精神焕发地在太和殿接受百官的朝贺，并颁诏天下。

第四章　大婚之后终可亲政

一 太后主宰的后妃之选

光绪十四年（1888年），光绪帝十八岁，对于入关后的清朝皇帝来说，这无疑是一个晚婚的年龄。顺治帝顺治八年（1651年）纳母亲的娘家侄女博尔济吉特氏为皇后，时年他十三岁；康熙帝是十二岁迎娶赫舍里氏。而作为独霸天下的皇太后，迟迟不给光绪帝举行大婚，无非就是要在权力的巅峰多恋栈一些时日。因为皇帝只要大婚，就应该亲政，况且民间也有"成家立业"之说。然而，慈禧蒙蔽视听的举措或许连她自己都知道漏洞百出、难以服众。人们不禁要问：慈禧究竟要在何时给光绪帝择后选妃呢？

光绪十四年六月十九日（1888年7月27日），慈禧终于颁发了给光绪帝举行大婚及亲政的懿旨：

> 前因皇帝甫经亲政，决疑定策，不能不遇事提携，勉允臣工之请训政数年。两年以来，皇帝几余典学，益臻精进，于军国大小事务，均能随时剖决，措置合宜，深宫甚为欣慰。明年正月，大婚礼成，应即亲裁大政，以慰天下臣民之望。
>
> （《清德宗实录》）

这一懿旨昭示世人：慈禧终于允许光绪帝大婚了！

没有更翔实的资料来记述慈禧此时的真实想法，但是可以想见慈禧一定是万般无奈。对于慈禧来说，两年前，也就是光绪十二年，在所谓的光绪帝亲政以后，她获得了“训政数年”的机会，实质上就是慈禧继续临朝称制。可是，光绪帝日渐长大的年龄并没有给慈禧提供充分的训政时间，因为光绪帝的“晚婚”已经成为慈禧不容回避的事实。虽然，没有关于光绪帝晚婚因而招来朝臣们颇多议论的记载，但是对于这件事情朝臣以及后宫中不会没有看法和议论。光绪帝的婚姻大事已经到了无法继续拖延的境地。

这个令人期待已久的懿旨颁发后，朝廷上下颇为震动，反应最强烈最直接的人莫过于光绪帝本人。在懿旨颁发的当天，光绪帝不再客气，亦不再推辞，顺水推舟地发下了一道上谕：

> 兹奉懿旨于明年二月归政，朕仰体慈躬敬慎谦抑之本怀，并敬念三十年来，圣母为天下忧劳况瘁，几无晷刻可以稍资休息，抚衷循省，感悚交深。兹复特沛恩纶，重申前命，朕敢不祇遵慈训，于一切机务，兢兢业业，尽心经理，以冀仰酬我圣母抚育教诲有加无已之深恩。……所有归政届期一切典礼事宜，著各该衙门敬谨酬议具奏。”
>
> （《清德宗实录》）

从上谕中，我们可以看到光绪帝当时的心情：

首先，是按捺不住的喜悦之情。

如果说当四岁不到的载湉被慈禧选定为皇位继承人时他还不知皇帝是权力的主宰的话，随着年龄的增长以及教育程度的加深，光绪帝已经逐渐意识到自己仅有皇位而没有皇权的尴尬，他努力地学习，就是希望自己能够早日胜任皇权。然而，慈禧在归政问题上的反复，确实令光绪帝的亲政之路曲折而漫长。光绪十二年，慈禧在归政问题上大做文章时，确实使光绪帝大为失望，为此他在书房读书时心情特别沮丧。老师翁同龢曾“力陈时事艰难，总以精神气力为主，反复数百语，至于流涕，上颇为之动也”。(《翁同龢日记》)所以，漫长等待后的那份喜悦之情自不待言。

其次，是跃跃欲试的激动之心。

慈禧懿旨光绪帝大婚，那就意味着亲爸爸的“归政”和自己“乾纲独断”的梦想，十四年的控制和束缚一朝解脱，亲裁大政的夙愿即将实现。因此，光绪帝在随后的上谕中，虽然没有也不敢流露出对慈禧在“归政”问题上的反复的不满情绪，却也在字里行间表达了希望慈禧可以休息、自己完全能够“尽心经理”朝政的心情。

慈禧的懿旨一经发下，相关部门即开始忙碌起来，他们要为皇帝举行一场声势浩大的“选秀”。

清朝名为“选秀”的选美是为皇帝、皇子、皇孙、亲王和郡王物色婚姻的对象。它开始于顺治朝，每隔三年举行一次。为了保证满洲贵族血统的纯正与高贵，首先必须资格审查，只有八旗官员家中十三岁至十七岁的少女才能成为入选对象。审查合格，才目视选拔。应选之日，秀女们由神武门鱼贯而入，至顺贞门前“候台”。太监按名册顺序引入，通常是五人一排，如有被看中者，就留下她的名牌，再定期复选，复选再度被选中的秀女，优秀的留于皇宫之中，随侍皇帝左右，成为后妃的候选人；其余的赐予皇室王公或宗室之家。慈禧太后就是以秀女的身份进宫，被咸丰帝选中封为贵人，由于得到皇帝宠爱，随后晋升为嫔，再升为妃。咸丰帝热河晏驾之后，被封为西太后，与东太后慈安共同垂帘听政，扶助其子载淳（同治）当皇帝。

慈禧决定为光绪帝准备大婚后，选秀工作便紧锣密鼓地开始了。经过反复筛选，至九月二十八日（11 月 1 日）五人“入围”：慈禧的内侄女、其弟桂祥之女；江西巡抚德馨的一双女儿；侍郎长叙的一对千金。

黄濬《花随人圣庵摭忆》中记载了一段宫中太监的回忆：

> 西后为德宗选后，在体和殿，召备选之各大臣小女进内，依次排立，与选者五人，首列那拉氏，副都统桂祥女，慈禧之侄女也（即隆裕皇后）。次为江西巡抚德馨之二女，末列为礼部左侍郎长叙之二女（即珍妃姊妹）。当时太后上坐，德宗侍立，荣寿固伦公主（荣寿固伦公主，1854~1924 年，恭亲王长女。咸丰十一年十二月初九日，两宫皇太后宣布将恭亲王长女抚养于宫中，晋为固伦公主）及福晋命妇立于座后。前设小长桌一，上置镶玉如意一柄，红绣花荷包二对，为定选证物（清例，选后中者，以如意予之。选妃中者，以荷包予之）。西后手指诸女语德宗曰：“皇帝，谁堪中选，汝自裁之，合意者即授以如意可也。”言时，即将如意授与德宗。德宗对曰：“此大事当由皇爸爸主之（据宫监谓，当时称谓如此）。子臣不能自主。”太后坚令其自选，德宗乃持如意趋德馨女前，方欲授之，

太后大声曰:“皇帝”，并以口暗示其首列者（即慈禧侄女），德宗愕然，既乃悟其意，不得已乃将如意授其侄女焉。太后以德宗意在德氏女，即选入妃嫔，亦必有夺宠之忧，遂不容其续选，匆匆命公主各授荷包一对与末列二女，此珍妃姊妹之所以获选也。

这是一段后人转引十分频繁的史料，细节的真实性还有待考证，但在十月初五日，伴随着两道懿旨同时发下，皇后的人选终于公之于世：

兹选得副都统桂祥之女叶赫那拉氏，端庄贤淑，着立为皇后。特谕。

原任侍郎长叙之十五岁女他他拉氏，着封为瑾嫔；原任侍郎长叙之十三岁女他他拉氏，著封为珍嫔。

（《光绪朝东华录》）

在以上两道懿旨中，我们不难发现以下两个问题：

一是，皇后是慈禧的内侄女；

二是，懿旨中只有长叙女儿的年龄，而没有桂祥之女的年龄。

到底是有意还是无意？

要想找到这一问题的答案，我们不妨查一下史料。

从现存的照片中，我们找到了慈禧侄女也就是后来光绪帝皇后的照片，如果用相貌平平来形容，应该是恰如其分的。仅从外貌来看，与面如冠玉、眉清目秀、体态适中、举止雍容的光绪帝相比，实在无法相匹。

验之于年龄，我们又有了更大的发现，这位被选为光绪帝皇后的慈禧的侄女出生于同治七年正月初十日（1868 年 2 月 3 日），至光绪十四年选秀时她已经二十一岁，比光绪帝长三岁。帝、后的年龄相差如此之大，在清朝的历史上是罕见的。仅凭二十一岁的年龄参加选秀，也属于超龄。按照清朝选秀的惯例，秀女的年龄应在十三岁至十七岁，虽然乾隆年间为了强化皇室选秀制度的优先性，规定没有参加选秀的八旗女子即使年龄至二十岁，亦不许擅自出嫁。但嗣后被选为后、妃的秀女也鲜有超过二十岁的。

慈禧就是选秀入宫的，而且慈禧又贵为皇太后，对于选秀的祖制，她是烂熟于胸。由此判断，慈禧将自己的侄女选为皇后，并在懿旨中忽略年龄应是有意而为。

慈禧强行将侄女指派给光绪帝做皇后的一个最为真实的目的，是为了在皇族中加强叶赫那拉氏的血缘。因为光绪帝的后代是要给自己与咸丰帝的儿子同治帝承祧的，光绪帝虽然不是自己的亲生儿子，却是自己的妹妹和咸丰帝的弟弟的儿子，而皇后又是自己弟弟的女儿，一旦帝、后育有皇子，不仅拥有一半以上的叶赫那拉家族的血缘，而且还是当然的皇位继承人，可以弥补同治帝没有后代的遗憾。还有一个考虑就是安插心腹。归政光绪帝是迟早的事情，但嗜权如命的慈禧，是断然不肯彻底归政的，为了能够暗中操纵皇权，慈禧只有选择自己的侄女去影响光绪帝。正如《慈禧外纪》所分析的那样：

> 太后以己之侄女，选为皇后，亦具有深意。前此为同治帝选择有勇有德之阿鲁特皇后，其后常与太后反对，至其死而后已。太后惩于前事，故此次为光绪帝选后，其意重在为己心腹，以监察皇帝之行为，而报告之。

慈禧主导了光绪帝的大婚，在光绪帝并非所愿的前提下，为皇帝选后择妃。大清王朝在同治帝举行大婚的十五年后，又将再一次举行皇帝的大婚庆典。

孝定皇后（1868~1913 年），叶赫那拉氏，讳静芬，或称隆裕太后、隆裕皇后，慈禧太后之弟都统桂祥的女儿。光绪十四年（1888 年）十月选入中宫，十五年（1889 年）正月，立为皇后。二十六年（1900 年），随慈禧与光绪帝逃往西安。三十四年，宣统帝即位，尊为皇太后，上徽号“隆裕”。宣统三年（1911 年）十二月，以皇太后身份宣布宣统逊位。宣统五年（1913 年）正月病逝，年四十六，与光绪帝合葬崇陵。

瑾妃（1873~1924 年），他他拉氏，为礼部侍郎长叙之女，与珍妃为同父异母姐妹。光绪十四年（1888 年），在光绪帝的选后大典上，瑾妃和妹妹珍妃同时入选，成为光绪帝的妃子，并在隔年元月行大婚礼之后，分别以瑾嫔和珍嫔的身份入宫。瑾嫔在宫中并未如妹妹珍嫔一般获得光绪帝之宠幸，而与皇后一般受到冷落。光绪二十年（1894 年），珍妃因故得罪慈禧太后，姊姊瑾妃也受到牵连而一同被降为贵人，但在隔年两人又恢复了原本的妃子位号。光绪二十六年（1900 年），慈禧太后携宫眷出逃紫禁城，瑾妃便是其中一员。1924 年病逝。

珍妃（1876~1900 年），他他拉氏，礼部左侍郎长叙之女，是瑾妃同父异母的妹妹。光绪十四年（1888 年）入选宫中，与姐姐同封为嫔，时年十三。光绪二十年（1894 年），两人同晋封为妃。光绪二十年甲午春（1894 年），因慈禧太后六旬万寿加恩得晋嫔为妃，光绪二十六年（1900 年），八国联军进攻北京，慈禧太后挟持光绪帝慌忙出逃。行前，命太监将幽禁于北三所寿药房中的珍妃唤出，推入位于慈宁宫后贞顺门的井中。当时，珍妃年仅二十四岁。

二　瑟瑟西风中的大婚庆典

光绪帝的大婚庆典定于光绪十五年正月二十七日（1889 年 2 月 26 日）。正当后宫上下为皇帝的大婚忙碌的时候，一件意想不到的事情发生了。在光绪十四年十二月十五日（1889 年 1 月 16 日）深夜，这是一个雪花纷飞数九寒冬之夜，紫禁城突起大火，烧毁了太和殿前的太和门。

故宫里的所谓“门”其实也都是庞大的建筑。太和门是从午门进入紫禁城之后通往朝堂三大殿和后宫的极其堂皇的“朝门”，也是皇帝御门听政或举行重大典礼的场所。它跨度九间，高度六丈五尺二寸（旧制，约合 22 米），虽是平房却相当于六七层楼那么高。左右陪衬的贞度门和昭德门也都高达四丈四尺五寸（旧制，约合 15 米），相当于四五层楼的高度。门内东西庑各三十二楹，廊庑相接。

起火地点是贞度门西边的茶库。

贞度门明代时称宣治门，是官员上朝经常出入之门，贞度门附近还连接许多库房：缎库、甲库、毡库、北鞍库、南鞍库、银库、皮库、瓷库、衣库、茶库，这些库房储藏着宫廷御用重要器物，是宫禁重地，朝廷对这里的安全和警戒甚为重视，昼夜派有官兵戍守巡查。

据刑部《审讯贞度门值班官兵供情》一折记载：光绪十四年十二月十五日夜，因一个旧有洋铁油“挂在东山墙后檐柱上，经年已久，有烤焦情形”，在四更时，贞度门东山墙柱火起，结果火借风势，火焰很快冲出了茶库的房顶，眼看着飞上了太和门的门檐。紫禁城里所有的建筑，可以说都是用上好的木料堆砌起来的，而且都历经多年极端干燥。一点小小的火星迸上去，眨眼之间就变成熊熊大火。也就是转眼之间，太和门门檐上的火苗已经变成腾腾烈焰。火势发展之迅速实在惊人，顷刻之间，它又越过了太和门，继续向东蔓延。大火很快就烧毁了武备院的毡库、甲库等多间宫室，再向东进，就烧到了昭德门。尽管九城水龙奋力扑救，仍无以为计，眼看着一座恢宏建筑化为一片灰烬。亲临火灾现场的翁同龢慨叹道：“此灾奇也，惊心动魄，奈何奈何！”（《翁同龢日记》）

这次火灾造成的直接损失，是把贞度门、太和门和昭德门等建筑全部烧毁。至于其附近的重要库房，据清廷档案和《翁同龢日记》记载，位于昭德门内东西房的毡库被烧毁五间，距离贞度门较近的皮库、茶库等全被火毁。贞度、太和以及昭德门的焚毁，损失之大很难估价；至于毡库、皮库、茶库等库房及其存贮的器物，究竟损失多少，其价值更无法估算。

面对紫禁城中的熊熊大火，慈禧心神不宁、寝食难安。

首先，她担心火灾过后无以为家。慈禧清楚，火起地点虽然是太和门，距朝堂三大殿和后宫还有一段距离，但水火无情，尤其是紫禁城建筑多为木料，一旦遭遇火灾，火势难以控制。

其次，她担心大火过后舆论难平。中外臣工会以“天怒人怨”之词来品评自己的执政。

此时她必须先发制人。在满朝文武还沉浸在大火过后的惊叹气氛中时，慈禧对于火灾的处理意见已经下发：

第一，以光绪帝的名义发下谕旨，惩罚与奖励并行。对点灯人睡引起火灾的直接责任者处以死刑。负有管理责任的总管内务府大臣、步军统领、前锋统领等，也分别受到了降级、罚俸的处分。奖励救火有功的人员，由户部拿出一万四千余两白银作为赏资。

第二，暂停颐和园重修工程。在如此突变的面前，慈禧知道自己必须做出一种“夤畏天威，益加修省”的姿态，以蒙蔽视听。于是，慈禧颁下颐和园工程部分暂停的懿旨：“本月十六日贞度门不戒于火，固属典守不慎，而遇灾知儆，修省宜先，所有颐和园工程，除佛宇暨正路殿座外，其余工作一律停止，以昭节俭而迓庥和。”（《光绪朝东华录》）

第三，大肆奖赏，笼络人心。大火过后，慈禧为了稳定人心，三天之内，连下懿旨，对朝廷文武百官、封疆大吏以及皇亲国戚大加封赏，即使驻京的外国使臣，她也不忘“设宴款待”。（《光绪朝东华录》）

太和门大火的不良后果，在慈禧的搪塞中，没有掀起大的波澜。然而，后宫中为光绪帝筹办大婚的喜庆气氛已被这场天灾人祸笼罩上一层晦气，大婚庆典还能如期进行吗？

大火过后，太和门化为废墟，有一件事情令慈禧颇费斟酌：

按照大清的祖制，皇帝大婚时，皇后必定要坐轿从紫禁城的正门——午门被抬入皇宫。在进入第一道“朝门”午门之后，还必须再走进第二道朝门——太和门，然后才向北进入内宫。然而现在太和门被烧毁了，皇后没有第二道朝门可进，无疑是大不吉利。

可是，重修太和门需要很长时间，而光绪皇帝的婚期已定，不可随便更改，并且清朝历史上也没有更改大婚日期的先例，如若更改，必然是大不吉利。

这可真是进退两难。

经工部、内务府会同勘估，认为重修部分总计有“太和门一座，凡九间，昭德门、贞度门二座，每座各三间，显廊各二间，太和门东西库房各七间，昭德门迤东库房六间均应建盖。贞度门迤西库房六间内，修补一间，拆修五间”。此项工程，所需木料、石料、砖瓦、铜铁活计以及油饰等物料很多，而且由于是“要工”，所需物料质地要好，质量要高。太和门座原为楠木建造，其余皆用黄松。楠木产自湖南、四川等省，成材大木十分罕见，而且“采办既难，运解亦需时日”。因此，拟将“柁檩金柱需用大木之处一律改用黄松，角梁斗拱拟用柏木，菱花、窗屉、宝瓶均用椴木”。这些木料，大部需要从云贵、湘赣等省采办，运解十分困难，要经过滇、黔、湘、鄂、赣、皖、苏、沪，直至津京等十几个省市的水陆运转，其需时费力、脚价耗资自是可观。结合石料、颜料、工价等费用，工程总需例银二十三万五千余两。(工部奏报《太和门等处工程约计钱粮数目》折)

慈禧断然做出决定：婚礼如期举行，并且皇后必须经过太和门再入后宫。那么如何解决皇后入二道朝门的问题呢？在短时期内恢复昔日太和门的壮丽，即使鬼斧神工也不可能啊。慈禧再次做出令所有人意外的决定：她居然责令扎彩工匠日夜赶工，在火场搭盖太和门彩棚！

搭彩棚可不是一件小事。何况皇宫之内哪有小事！动工就是大事！更何况是为了皇上的大婚而动工！更何况这是慈禧的懿旨！

内务府迅速找来了宫内外大批搭棚、裱糊、扎彩的工匠，木钉纸糊，倒也搭起一座足可以假乱真的太和门。它不仅高度和宽窄分毫不差，而且兽头、雕饰、瓦沟等都酷似真物，竟然使长期在内廷行走的人，一下子也难辨真伪。

以假乱真的纸扎太和门终于堆砌于太和殿前，慈禧十分欣慰，因为终于由她的侄女完成了一个自己无法完成的心愿，那就是将叶赫那拉氏家族的女人由大清门经由午门、太和门抬入皇宫。这一切似乎喜气洋洋，歌舞升平，然而，大清王朝就如同这纸扎的太和门一样，看上去威严、气派、恢宏，内里却是朽木、烂纸。光绪帝的大婚庆典便在这瑟瑟的西风中开始了。

正月二十六日，是奉迎皇后的吉日。午时三刻，光绪帝头戴珠冠身着龙袍，升坐太和殿，文武百官三跪九叩，礼部官员宣读册封皇后的诏书。奉迎正使和副使待光绪帝回宫之后，率领着奉迎大臣们前往后邸迎接皇后入宫。与此同时，瑾、珍两嫔也由神武门被迎入后宫。

清朝入关以后，皇帝的大婚礼仪尚不成熟，记载关于顺治、康熙等朝的大婚礼仪相对缺乏。经二百余年对婚礼仪式的完善，至光绪帝大婚时，礼仪已相当完备。光绪帝大婚时，由于内务府员外郎庆宽等人详绘《皇帝大婚图》册，用写实的笔法再现了光绪帝大婚的外朝礼仪全景，为后人留下了研究清朝皇家礼仪的珍贵资料。

大婚典礼仪式繁杂，从皇后选定后，就要举行一系列典礼：十一月初二日行纳彩礼；十二月初四日行大征礼；正月二十六日祭告天地、太庙；二十七日行册立礼、奉迎礼，同日行合卺礼；二月初二日行朝见礼；初四日行庆贺礼；初五日行赐宴礼；初八日行祈福礼，到此整个大婚才算结束。在这期间，除正月二十一、二十三、二十九日及二月初七日这四天不计外，有十多天不处理刑事案件，大小文武官员都穿着喜庆衣服以表示吉祥。

依据史料记载，我们不妨用文字简单勾勒这一大婚场景。光绪十五年（1889 年）正月二十六日，皇帝先派遣官员告祭于天地、太庙、奉先殿，然后到慈宁宫向慈禧皇太后行礼，再亲临太和殿阅视金册金宝，遣大学士额勒和布为正使、礼部尚书奎润为副使，持节奉册宝诣皇后邸，册立叶赫那拉氏为皇后。行册立礼的同日，遣额勒和布和奎润为正、副使，持节诣皇后邸行奉迎礼。正副使率领仪仗队伍出太和门，紧随使节之后的是盛放金册、金宝的龙亭。皇后的凤舆在 16 人抬护下，列在龙亭之后，一同出午门、大清门，再绕道经地安门前往皇后府邸。按照封建礼法，迎娶皇后必须走皇宫正门，才足以表达其与皇帝同尊并重的地位。

正月二十七日凌晨，皇后于邸第升凤舆，由大清门中门、天安门外金水桥（正副使下马持节步行进入）、天安门中门、端门中门、午门中门（钟鼓齐鸣）、太和门中门、乾清门中门（正副使至此完成使命，与内大臣侍卫退下）至乾清宫阶下，进坤宁宫洞房，与光绪帝行合卺礼。

这年光绪帝十九岁，皇后二十二岁。

按照清代帝王大婚的礼制规定，大婚后的三四天内，还有一系列拜祭和“朝见礼”、“庆贺礼”、“筵宴礼”等。然而，这一切对于光绪帝来说，已成了不堪应付的沉重负担。本来，他并不想让桂祥之女为皇后，对这场出于慈禧政治需要而一手包办的婚事，光绪帝不仅未领略到喜气和欢欣，反觉得自己不过像一尊木偶一样被人挥来拖去，心中甚为怅然。到婚后第四天，他的这种不佳的心绪终于明显地表露出来了，他借口有病，竟把原定在太和殿宴请“国丈”及整个皇后家族、在京满汉大员的筵宴礼撤销了。当光绪帝命人把宴桌分送给在京的王公大臣时，竟然未提后父、后族，以致京师街头巷尾，议论纷纷。年轻气盛的光绪帝想用这种方式发泄胸中的愤懑。

清代皇帝大婚比历代皇帝奢华更甚，是极尽奢侈铺张之能事的。光绪帝是清代正常地举办大婚的最后一个皇帝，目前所存资料比较齐全，对此，学者李鹏年研究计算这次大婚共花费银 550 万两。其中，各种“外办”耗费，共为 105 万余两，占大婚开支总额的 20%左右；而由“内办”的帝、后应用冠服、朝珠、钿钗、金银珠宝玉器，嫔位所用器物，皇后妆奁，以及后嫔铺宫应用的金银器皿等，共为银 400 万两以上，占总耗费的 80%左右。

这些银两主要是从各省、各税关指派筹解的，虽然慈禧太后对筹办光绪大典曾说:“国家经费有常，目下整顿武备，需款孔多，各省时有偏灾，尤宜体念民艰，爱惜物力，朝廷躬行节俭，为天下先，该大臣等，务当仰体崇实黜华之意，严饬承办各员，认真原理，不准稍涉浮冒。”但实际经费却逐步加码。光绪十三年五月二十日慈禧明降懿旨，光绪大婚应需款项,“著户部先行筹画银二百万两”，各省“预为指派二百万两”。半年之后，光绪十四年正月十七日总管内务府大臣福锟面奉懿旨:“办理大婚之款四百万两尚不敷用，著户部再行筹拨一百万两。”九月二十六日又奉旨“续行筹拨五十万两”。三次共筹拨银 550 万两。据清朝军机处档案记载，光绪十五年上半年直隶省顺天府、大名府、宣化府的粮价，以谷子、高粱、玉米三种粮食计算，平均每仓石计银一两四钱六分。如果每人每年口粮按二石计算，计折银二两九钱二分。光绪大婚耗用白银 550 万两，按当时的粮价折算，可购买近 400 万石粮食，足够 190 万人吃一年。

三 卷帘难归政的叹息

自有清以来，光绪帝成为最晚婚的皇帝。成婚即意味着彻底成年，成年即意味着慈禧太后必须结束所谓的“训政”，归政交权。于是，与大婚典礼同时筹备的便是光绪帝的亲政典礼。

光绪帝婚后第六天，即光绪十五年二月初三日（1889 年 3 月 4 日），亲政大典如期举行。整个大典分成两个部分：

先是慈禧在慈宁宫接受光绪帝率领群臣三跪九叩后还宫，以象征其真正卷帘归政；然后，光绪帝离开慈宁宫至中和殿，接受执事官行礼，旋即再御太和殿，接受王公百官行礼，以昭示亲政，并宣诏颁行天下。

自此，光绪帝正式开始亲政了。然而，在光绪帝亲政过程中，时人依然能够感觉到慈禧控制朝局的意图，伴随三件事情的发生，人们的这一感觉愈加清晰。

第一件事，光绪十四年十二月初一日（1889 年 1 月 2 日），光绪帝大婚典礼前夕，慈禧授意礼亲王世铎拟定皇帝大婚归政后的清廷办事“条目”。这个“条目”的主要内容共计有三项：

“一、临雍经筵典礼，御门办事，仍恭候特旨举行；

一、中外臣工奏折，应恭书皇上圣鉴，至呈递请安折，仍应于皇太后、皇上前各递一份；

一、各衙门引见人员，皇上阅看后，拟请仍照现章，于召见臣等时请旨遵行。”

至此，光绪帝虽然有了独立接受中外臣工奏折的权力，然而，“御门办事，仍恭候特旨举行”、“请安折，仍应于皇太后、皇上前各递一份”、“引见人员……仍照现章，于召见臣等时请旨遵行”，光绪帝的亲政依然有皇太后如影随形。这个办事“条目”凸显了“诸大政，莫不禀承慈训，始见施行”的原则，又有谁能相信皇太后不是控制朝廷大政的铁面人物。

第二件事，慈禧归政后住宁寿宫而非历朝太后、太妃和太嫔们所居慈宁宫或康寿宫。

明朝以来，慈宁宫是专供先皇遗孀们居住的地方，更是太后、太妃和太嫔们了却残生之所。清顺治十年（1653 年），重修慈宁宫始为皇太后（孝庄文皇后）寝宫。康熙二十六年（1687 年），七十二岁的孝庄皇太后病殁于此，其后的太后、太妃和太嫔们一直回避居住这里，很长一段时间里慈宁宫只是专供举行典礼的场所，直至清终。其间仅在乾隆三十六年（1771 年）时，年届八十的崇庆皇太后（乾隆生母）一度入居慈宁宫六年。

寿康宫是继慈宁宫后被定为太皇太后、皇太后的居所，太妃、太嫔随居于此，先后有乾隆朝孝圣宪皇太后、嘉庆朝颖贵太妃、咸丰朝康慈皇太后都曾在此颐养天年。

按照清朝一直以来的惯例，身为皇太后的慈禧归政后理应住到慈宁宫或寿康宫，然而慈禧却坚持住宁寿宫。

宁寿宫有它自己独特的权力隐喻。此宫始建于康熙年间，后乾隆皇帝对其进行了改造，目的是打造一个自己归政之后的养老之地。但乾隆八十五岁退居太上皇之后，并没有入住宁寿宫。理由是他觉得自己身体还很硬朗，还可以继续留在养心殿主持朝政。

对此，乾隆皇帝曾有一段说辞："（朕）寿跻八十开五，精神康健，不至倦勤，天下臣民以及蒙古王公、外藩属国，实皆不愿朕即归政。……归政后，凡遇军国大事及用人行政诸大端，岂能置之不理？仍当躬亲指教。"

意思很明白，归政是归政了，但朝廷的最高权力和政务的最后决策权，仍然还在乾隆手中。大臣们也很合作，立即纷纷联名上奏请愿，要求皇帝一定要在百岁之后再正式将权力移交给新皇帝。

自乾隆之后一百余年，宁寿宫始终无人居住。原因无他，这里是太上皇、而且是不交权的太上皇的居所。一百多年来，没有人有这样的资格入住宁寿宫。

慈禧选中宁寿宫显然是选中了它背后这种明晰的权力隐喻。老太后到了必须归政的时刻，但老太后不愿意交出她的权力，她以入住宁寿宫这种政治隐语，向帝国的大小臣僚宣布，她就是此时此刻清帝国的太上皇，她要仿效乾隆皇帝归政但不交权的先例。

第三件事情，辛酉政变后，清朝政治走向了皇太后垂帘亲王辅政的发展方向。光绪十年，慈禧在打压奕䜣过程中免去了他一切朝中任职，在奕譞的推荐下礼亲王世铎出任军机大臣，以坚持这一政治中枢格局。光绪帝亲政在即，朝政理应回归皇帝一人独揽。于是，光绪十五年（1890 年）的正月十八日，礼亲王世铎以“恭逢归政庆典，皇上亲裁大政，一切事宜归复旧制”为由，请求“开去军机大臣要差”。

接到奏折后，慈禧立即表明了自己的态度:“皇帝躬揽万几，正赖左右辅弼之臣尽力筹维，赞成郅治。”因此“毋庸固辞，所有开去要差之处，仍俟数年后一切全复旧制，再降懿旨”。此意就是皇帝虽然亲政，但还不能一切独揽，原有的政权格局还要坚持，不仅她她安排的全部亲信重臣与原班人马不能变动，且“全复旧制（指皇帝大权独揽后）”还要等上数年再说。

很显然，这一切都是慈禧不愿交出权力的讯号。

此一批示刊布两天之后，御史屠仁守上了一道诡异的奏折，奏折中说：

> 归政在迩，时事方殷，请明降懿旨，依高宗训政往事，凡部院题本、寻常奏事，如常例；外省密折、廷臣封奏，仍书皇太后、皇上圣鉴，俟慈览后施行。
>
> （《清史稿》）

表面观之，屠仁守这道奏折看似在讨好慈禧，意即恳请太后效仿乾隆帝训政惯例：一般奏折交由皇帝处理，而外省密折奏报与廷臣密折封奏，依然由太后批览再施行。实际上是在逼慈禧明确表态“归政”。如果慈禧同意屠的奏折，则意味着慈禧悍然挑战祖制，以后宫女流身份自比乾隆帝，拒不归政；若不同意屠的奏折，则需明确表示自己归政的同时，也要放权。他直接捅破了老太后归政但不愿交权的这层窗户纸，逼太后表态“归政”。正因为他戳中了慈禧的心思，才招致了慈禧的愤恨。慈禧自然明白这道奏折是个圈套，故于次日即颁布谕旨，严厉申斥屠仁守。

> 览奏殊深骇异，垂帘听政，本属万不得已之举。深宫远鉴前代流弊，特饬及时归政，上符列圣成宪，下杜来世口实，主持坚定，用意甚深，况早经降旨宣示中外，天下臣民翕然共遵。今若于举行伊始，又降懿旨饬令仍书圣鉴，披鉴章奏，是出令未几，旋即反复，使天睛后世视予为何如人耶！况垂帘权

宜之举，与高宗纯皇帝大廷授训政之典迥不相侔，何得妄为比拟。至归政后祗见醇亲王单衔具奏，暂须经达深宫。醇亲王密陈数条，亦为初裁大政军国重要事件。深宫定省，可以随时禀承，并非著为典常，使训政之事永无底止。该御史此奏，既与前旨显然相背，且开后世妄测訾议之端，所见甚属乖谬。此事关系甚大，若不予以惩处，无以为逞臆妄言乱紊成法者戒。屠仁守，著开去御史，交部议处，原折著掷还。”

太后发怒了，屠仁守被“开去御史，交部议处”。而吏部官员们要求“以补官革职留任”(即暂革职后补用)。太后大怒，把吏部六位堂官及考功掌印郎中全部罢免，直接下旨:“革仁守职，永不叙用。”许多知情者深感不平:“屠君得罪颇以此。盖此数谏，皆国家第一大事，无人敢言者。

如此，慈禧在光绪帝即位的十五年中，从垂帘听政，到训政，到归政。从表面上看，慈禧已经一步步把最高统治权力逐步过度并移交给了光绪帝，然而在她卷帘归政过程中的种种决定，又有谁能相信这是皇权的真正回归!

第五章 宫禁之内的明争暗斗

一　母子规矩不可逾

光绪帝的亲政，原封不动地承接了慈禧经营近三十年的政治班底。这一班底不仅深深地承袭慈禧一直以来的治政理念，而且也延续慈禧垂帘听政独掌乾坤时朝局的纷纷争争。常言道：一朝君子一朝臣。古往今来，皇帝登基便重整朝纲已成为历史的惯例。姑且不说汉武帝以弱冠之年英姿勃发暗斗祖母窦太后时启用身边亲信，唐太宗“玄武门之变”后，朝局中逐渐布控原秦王府中曾与之同甘苦共命运的“元老”，就说不远的嘉庆朝又何尝不是在乾隆帝驾崩之时便成为权臣和珅丧钟被敲响之刻，假使“老饕”和珅不曾拥有“和珅跌倒嘉庆吃饱”之实，就因为和珅在乾隆朝颇获信任从而权倾朝野的不争事实，嘉庆帝也会与周围人为他“制造”出种种证据来，令和珅合情合理地退出政治舞台，甚而死无葬身之地，使他的政治影响力在新王朝中彻底根绝，继而无一丝死灰复燃之力。很多人在乾隆朝纷繁复杂的朝政中，梳理出乾隆帝与和珅开罪“在野”的嘉庆帝种种因由来，用以说明乾隆帝刚刚撒手人寰就传出嘉庆帝扳倒和珅事件的发生。其实，这种证明除了增添一些人们对清朝宫闱中花絮的谈资兴趣外，并无突破性研究价值。嘉庆帝除掉和珅与嘉庆帝喜好无大关碍，而是专制皇权下的政治所引发的必然结果，因为政出一元最核心的表征就是顺我者昌逆我者亡，任何政治的异己力量都将是新王朝整肃的对象，只是整肃时间或早或晚而已，而和珅恰恰成为嘉庆帝必须整肃的异己力量。

然而，光绪帝亲政后，朝野上下却异乎寻常的平静。虽说光绪帝十四年前就已登基，成为皇帝，然而那时朝野上下又有谁能相信光绪帝是真正意义的皇帝呢！毋庸置疑，只有五岁的光绪帝仅仅是慈禧操控的一尊政治提线木偶，而提线者慈禧才是王朝真正意义的主宰者。此番光绪帝亲政，在世人心中与新皇帝登基无异。可是亲政后的光绪帝既没有皇帝亲政后执政方针上的大手笔出台，也没有机要枢政人员上的重新布控，一切都犹如从前，唯独不同的是皇帝上朝时身边没有了皇太后的如影随形。然而，朝野上下又有谁能相信每天从紫禁城里传出的一道道事关王朝兴亡的重大决定没有卷帘归政的慈禧的参与甚而决定。

梳理这一时期的史料，不难发现慈禧对于光绪帝方方面面还是多方干预的，她会利用诸多信息渠道与把控方式，幕后把握朝廷大政方针的制定与时局的走向。

首先，慈禧借助光绪帝的日日问安，洞察光绪帝对自己对于朝局的决策态度。

慈禧归政后，主要住在宁寿宫和仪銮殿。宁寿宫前章已经有所介绍，而仪銮殿则是慈禧专门为自己修筑的寝殿。

仪銮殿位于中南海西岸，慈禧在光绪十一年（1885 年）选中该地，遂发下懿旨开始修筑，以便作为晚年颐养天年之所。虽然修筑的是一组建筑群，然而重点修筑的是仪銮殿，仪銮殿共计五间，正中一间是为召见臣下所备，东次间是慈禧的寝宫。光绪十四年（1888 年）夏，仪銮殿建成，慈禧移驾于此。仪銮殿清雅幽静，慈禧十分喜欢，即使光绪十七（1891 年）慈禧至颐和园修养，每每回紫禁城，慈禧依然喜欢住在这里。

在光绪帝亲政初的二年中，光绪帝每天一如既往地向住在宁寿宫或仪銮殿的慈禧问安，为表达对慈禧崇敬与感恩之心，这份问候要比亲政前更加虔诚和准时。这并不是一般意义的问候，而是宫廷中皇帝向皇太后问候时必行的繁文缛节的礼仪，对于光绪帝而言，在常规的礼仪之外，还要接受慈禧对朝中诸事的询问，“皇帝每遇国事之重要者，必先禀商太后，然后降谕”。

光绪十七年后，慈禧经常驻跸颐和园，每次起驾，无不是光绪帝毕恭毕敬的跪迎、跪送或陪送的礼仪过程，而这一礼仪过程远没有光绪帝一人执行那么简单，它是在礼部相关人员精细安排下，光绪帝率领近臣仪仗的繁杂过程。以慈禧移驾颐和园为例，具体的礼仪是：

要么光绪帝提前一天到颐和园，于慈禧仪仗到达之前，在颐和园门前率领群臣跪迎慈禧；

要么是在通往颐和园的福华门外，跪送慈禧仪仗去颐和园；

要么是光绪帝陪同慈禧去颐和园。

光绪帝以无比虔诚之心恪守向慈禧日日问安的礼仪程序，这份虔诚与恪守，对于光绪帝而言是责任，是义务，是源于内心与形式上的昭显——昭显他对于慈禧不是母子胜似母子的崇敬之心；昭显他对于慈禧将皇权赐予他的感激涕零；昭显他对于慈禧母权驾驭一切的服从；昭显他孝为天下先的表率示范作用。既然是昭显，在光绪帝的内心深处难免会在认认真真履行这份职责和义务的同时，产生几许做给慈禧以及天下人看的成分，产生几抹不得不服膺于慈禧权威的无奈与倦怠，产生几缕能早日摆脱束缚真正彰显皇权权威的遐想。

然而，慈禧对于光绪帝的日日问安却表现出一份心安理得地受用，没有任何史料记载过慈禧对于光绪帝勤于朝政时依然念念不忘恪守礼仪程序而令其心生体恤之念或有消减礼仪程序繁杂程度的建议，对于慈禧而言，日日问安礼仪程序的坚持与受用更多地在于强调——向光绪帝与朝野上下强调君臣母子的特殊关系；强调无论垂帘时期抑或亲政时期光绪帝都要服从于自己的事实；强调自己依然对朝廷大政方针拥有着绝对的权威。至于礼仪程序给日理万机的光绪帝所带来的身体与心理上的负累，相比于慈禧对自己君臣母子权威的强调是完全可以忽略不计的。正是缘于此，慈禧的强调难免不会表现出她的傲慢与无情。

其次，将皇帝的书房迁至西苑。

慈禧驻跸西苑仪銮殿后，也将光绪帝的书屋迁往西苑的长春书屋，后改其名为补桐书屋，究其原因不能不说与慈禧控制光绪帝相关。

据光绪帝师傅翁同龢日记记载：

> 现在办事一切照旧。大约寻常事上决之，稍难之事枢臣参酌之，疑难者请懿旨。
>
> （《翁同龢日记》）

日记中所描述的光绪帝的执政现状是朝政一切犹如慈禧训政时

期一样，表现为一般的事情光绪帝正常处理；稍难一些的事情与枢要大臣协商后再做决定；事关王朝政治、经济、军事和外交等重大事情一定还要慈禧定夺。也就是慈禧看似卷帘归政，实际上并非离开朝局。翁同龢是朝中核心人物，他的记载应该符合当时一般状况。

最后，对光绪帝的师傅翁同龢进行多方笼络。

翁同龢是大学士翁心存次子，于咸丰朝中状元。在翁心存离任弘德殿（同治帝书房）时，慈禧将翁同龢递补为同治帝的师傅。由于翁同龢学识渊博，为人恭谨，颇得慈禧赏识，在光绪帝继位以后，又被慈禧钦点为光绪帝的师傅，在毓庆宫行走。后又任翁同龢为户部尚书、协办大学士、总理衙门大臣、军机大臣，足见慈禧对其“恩眷甚笃”。

然而，长时期陪伴于光绪帝身边，日积月累的情感，使得翁同龢对于光绪帝有着亦师亦父的一份情怀，在光绪帝身边有着超乎寻常的影响力。据记载：

> 常熟昵于帝，每日先至书房，复赴军机处。颇有各事先行商洽之嫌。
>
> （《花随人圣庵摭忆》）

在慈禧与诸位军机大臣和同僚的眼里，翁同龢晨起赴军机处之前，必定先到毓庆宫与光绪帝见面，似乎任何事都要彼此商量后再做决定，翁同龢对于光绪帝的影响力是显而易见的。

早在中法战争期间，慈禧置换军机，对于军机处的诸位军机大臣都有惩处，但世人公认的是对翁同龢处罚最轻，颇有象征性惩处的意味。

慈禧在皇帝大婚与皇帝亲政两大典礼期间，大加恩施，连下十道懿旨进行封赏，其中对翁同龢的奖赏是将其列为“内廷行走”诸臣之首，赏戴双眼花翎。姑且不论“内廷行走”诸臣之首是怎样的荣耀，仅仅赏戴花翎一项不可不谓“异数”。按照清朝定制：文臣非有军功不得赏戴花翎。翁同龢以毫无军功的文臣却获赏戴花翎的奖赏，不能不说这是慈禧的格外用心之举。

慈禧对翁同龢优礼褒奖的同时，还多次召见他，言语间不乏要求翁同龢影响并规劝光绪帝多孝顺母后，并忠实于母后。翁同龢在日记中有如下记载：

光绪十五年正月二十二日（1889 年 2 月 21 日），“书房需随时提拔，并言亲政后断不可改章程”。

五天以后，也就是正月二十七日，慈禧再次召见翁同龢，“谆谆于书房功课，并勖臣以尽心规劝，至于流涕”。

慈禧对翁同龢的礼遇，不可不谓寓意深长。

在亲政的最初岁月里，光绪帝竭力维护一种由训政到亲政的平稳过渡，而慈禧也在努力维护表面卷帘但实质并不完全归政的局面。于是，在清朝专制政权体制下不可避免地出现了皇帝与皇太后的二元政治，光绪帝是亲政的皇帝，皇太后是朝政的幕后操纵者，随着时间的推移与朝中力量对比的变化，这对“母子”之间渐渐滋生出控制与反控制的力量，便是不可避免的历史事实了。

二　续集清流以推波助澜

光绪帝艰难迈出亲政的脚步。

见信于光绪帝的翁同龢深知光绪帝朝中力量形单影只，不足以与谙习权术、羽翼遍朝的慈禧抗衡，因此，翁同龢便有意重续清流风气，以培植光绪帝的政治话语力量。因其形成于慈禧甲申换枢荡涤“前清流”之后，所以史称“后清流”。

“清流”政治现象，虽非晚清政治专有，却是贯穿同光时期的一大政治特色。

“清流”，作为政治文化语境下的专有名词，何时由“清澈的流水”的含义转变成为比喻德行高洁、勇于言事的士大夫，难以考证，但在东汉、三国时期，人们已开始用“清流”来形容素负时望而清高的士大夫。在《三国志》中，陈寿言说陈群为“动仗名义，有清流雅望”。《新五代史·李振杂传》中，记载了唐末中兴功臣李抱真的曾孙李振假手朱温以泄愤、尽杀当朝名士的历史。“（李振）尝举进士咸通、乾符中，连不中，尤愤唐公卿，及裴枢等七人赐死白马驿，振谓太祖（朱温）曰：‘此辈尝自言清流，可投之河，使为浊流也。’”延续至此，“清流”渐渐成为那些拥有强烈的政治责任感、负有时望且不与权贵同流者的美誉。更多的历史时期，清流的舆论被赋予危机情形下社会试图“起敝振衰”的舆论力量。

辛酉政变，年轻的两宫太后与少壮派恭亲王合力铲除“赞襄八大臣”，一改咸丰帝临终前对朝局的布控，即八大臣赞襄辅政、两宫太后从旁牵制的政治格局为两宫垂帘听政、恭亲王辅政的新局面。为了避免以肃顺为首的权臣把控朝局，也为了让垂帘听政能够赢得朝臣的理解与拥戴，慈禧在辛酉政变之后瞬即摆出开明政治的姿态，屡屡展示其“询切刍荛”的谦恭态度，并多次申谕中外大小臣工，“于朝廷用人行政各有所见，务当据实直陈，毋得稍存畏匿隐忍之件”。(故宫博物院明清档案部《清代档案史料丛编》) 慈禧做出善于纳谏、广开言路嫌疑的政治姿态，为清流派纠弹时敝、敢于直言营造了非常有利的政治环境。

从辛酉政变至太平天国被镇压的三年时间里，年轻且执政经验无多的两宫太后处处仰赖恭亲王奕䜣的朝政能力，他们共同度过了一段政治合作的“蜜月期”。然而，伴随着慈禧对朝局应对能力的提高和湘军镇压太平天国后内忧有所缓解，原本刻意维持和局所隐藏着的矛盾，在慈禧和恭亲王奕䜣之间逐渐显露。慈禧为摆脱依赖，树立权威，便常常借言官清议朝政为由，鼓励翰林、辞章之臣弹劾权贵，借以牵制恭亲王奕䜣等人。而恭亲王奕䜣也时常将清流派作为一把还击慈禧的利器，不断笼络以李鸿藻为首的军机要臣，知无不言、言者无罪，保全自己的政治地位。在慈禧与恭亲王双方力量的纵容下，弹章未必有据，“风言闻事”成为弹劾的常态：

> 频上书弹京省官吏，封章多于台谏，其奏疏深文周内，恒以诸臣姿纵，蔑视两官为言，适如孝钦意，所言无不行。往往劾人不待复按，即罪之，旧所鲜也，言路益发摅。”
>
> (沃丘仲子《近代名人小传》)

于是，清流争相品评朝政，一时间真可谓“畅所欲言”。一方面是遭弹劾者接二连三地被罢免，另一方面则是弹劾抨击别人者“籍此得美名”，不断受到“非常恩宠”，故而出现了“台谏生风，争相弹击”，一时“清流甚横”的局面。(陈夔龙《梦蕉亭杂记》)

光绪五年（1879年），吴可读“尸谏”成为清流派搅动朝局波澜的一起事端。

是年四月，吴可读在为同治帝送葬惠陵的归途仰药自杀，遗折请为同治立嗣。在折中吴可读直言道：

> 罪臣涕泣跪诵，反复思维，窃以为两宫皇太后一误再误，为文宗（咸丰庙号）显皇帝立子，不为我大行皇帝立嗣。既不为我大行皇帝立嗣，则今日嗣皇帝所承大统，乃奉我两宫皇太后之命，受之于文宗显皇帝，非受之于我大行皇帝也。而将来大统之承，亦未奉有明文，必归之承继之子。
>
> (朱朋寿《光绪朝东华录》)

吴可读认为在同治帝驾崩之时，依据传统的父死子继，应在儿辈的“溥”字后代中找寻继承人，而两宫皇太后却选择了同治帝同属“载”字辈的载湉继立，属于“兄终弟及”，破坏了“父亡子继”、大位继承须由嫡出的传统，已经成为“一误”。然而，在选择载湉继位之后，却在懿旨强调：

> 皇帝龙驭上宾，未有储贰，不得已以醇亲王奕譞之子，承

> 继文宗显皇帝为子，入承大统为嗣皇帝。俟嗣皇帝生有皇子，即承继大行皇帝为嗣。
>
> （朱朋寿《光绪朝东华录》）

这看似解决了同治帝的继嗣问题，但是无法确认光绪帝的后代是继承同治帝的大统，还是光绪的大统的问题。为捍卫同治帝的皇位继承，吴可读激烈“尸谏”，令慈禧颇为棘手，为掩饰自己控权的真实目的，不得不在物议沸腾之时，给予吴可读以褒奖，“以死建言，孤忠可悯，著交部照五品官例议恤”。（朱朋寿《光绪朝东华录》）正如《慈禧统治下的大清帝国》中英国人濮兰德所评价的那样：“他（吴可读）的死将会在帝国所有的文人官员中留下深刻的记忆，并成为一种绝唱。”

翁同龢作为同治朝与光绪朝的帝师，宫中各种权力之争无不了熟于胸，目睹清流派品评政治弹劾百官的力量，翁同龢颇感震撼。在光绪帝艰难亲政中，借助自己在朝中的特殊地位，重续清流力量，为光绪帝张目，便成为翁同龢的目标。

三　网络羽翼的种种努力

光绪帝虽然亲政，但治理朝政的唯一核心依然是延续旧章。朝堂之上的文武要员，要么是慈禧的旧人，要么是慈禧的亲信。环顾朝野，也只有师傅翁同龢如亲人般陪伴左右。光绪帝对此颇为无奈，即便是胸怀大志、一心有所作为也不得不受制于方方面面。他常常憧憬有朝一日能向圣祖康熙帝一样英年勃发、运筹帷幄、挥斥方遒。然而，要有所作为的前提是必须网罗天下人才，培植自己的羽翼。当此之时，网罗人才的主要方法就是科举取士。

为此，光绪帝多次任命翁同龢担任乡试、会试主考官。据记载，翁同龢曾五典乡试，两典会试，网罗颇多名士，尤以破例延揽文廷式与张謇为重。

文廷式（1856~1904年），字道希，号芸阁，又号芗德，江西萍乡罗霄山人，出生于广东潮州，少长岭南，为陈澧入室弟子。光绪初年，入广州将军长叙的幕府中，与其嗣子志锐、侄志钧（二人即长叙之子，瑾妃、珍妃胞兄）交游甚密。他博闻强记，擅诗词骈文，年少时更“喜杂学”，尝自言学无师法，读钱大昕的《潜研堂集》后便悟得史学门径。(汪叔子《文廷式年表》)传其曾做珍妃老师，因此颇得光绪帝关注。《清稗类钞》中有如此记载：“妃（珍妃）屡为上道之。”这六个字很能说明问题，尤其是一个“屡”字，说明珍妃屡屡对光绪帝提及文廷式，由此引起光绪帝甚而翁同龢的高度关注并“破格”延揽，便在情理之中了。

光绪八年（1882年），文廷式参加顺天乡试，中式第三名，由于文廷式博闻强记，以擅写诗词闻名，立刻“誉噪京师，各公卿争欲与之纳交”，(《昭萍志略·人物志》)与张謇、王懿荣、曾之撰并称为“四大公车”，成为当时京中清流瞩目、结交的对象。

光绪十五年（1889年），文廷式考取内阁中书第一名后，初次谒见座师翁同龢。次年，进士考试中，文廷式中恩科贡士。复试时，翁同龢与潘祖荫力主把文廷式的卷子列为第一。及至殿试，翁同龢又颇费力气地拔文廷式为榜眼。据王嵩儒《掌固零拾》记载：

文廷式在答卷时，卷中有“留元气于闾阎，而后邦本可以固”两语，写至“闾”字误剏“阎”字……遂于“而”字上漫加三画，成一“面”字。……常熟翁文恭公爱才重士，于文本宿契，适派阅卷，必欲得之，以置大魁。而卷在满洲某尚书（实为刚毅）手，已被摈置三甲，物色得之，谓此为文某卷无疑。其“闾面”字容有出典。某尚书持之甚力，不敢拟元，以第二人及第。

这段故事，当时在士大夫中流传甚广。由此，王闿运等与文廷式有隙的文人，则讥讽文氏为“闾面”榜眼。

据亲历者回忆，当时翁同龢曾为文廷式力争，甚至不惜以学术泰斗身份曲解“闾面”，令人颇有面对“学阀”的无奈。

坊间对该事件的描述大致如下：

壬辰年殿试期间，翁同龢作为副主考官参与了阅卷，匿名的文廷式试卷没有分到翁同龢名下。文廷式误将“闾阎”写为“闾面”的试卷，已被阅卷官发现并将错误标注出来。翁同龢查实文廷式试卷后，便竭力为“闾面”之误回护，说“闾面”二字确有来历，信之旦旦地说自己当年曾以“闾面”对“檐牙”，并振振有词地反问说，难道当年自己也错了。其实，“闾”泛指门户，古代以二十五家为闾；“阎”意为里巷的门。“闾阎”有里巷、民间房屋建筑、乡村等意。初唐四杰之一的王勃在《滕王阁序》中曾写道：“闾阎扑地，钟鸣鼎食之家；舸舰弥津，青雀黄龙之舳。”其中“闾阎”就指房屋建筑。而“闾面”则不知何解了，朝臣们对这位权倾朝野的帝师自然不敢置疑。

及至甲午（1894 年）翰詹大考中，文廷式本考了第三名，最后公示结果却是第一，不久被提拔为侍读学士，充日讲起居注官。据《清稗类钞》云，大考后光绪帝接见文廷式时，曾不无自得地对文廷式说了一句话:“汝卷乃朕所特取，汝知之否?”

光绪帝、翁同龢在科举考试中，不惜“执法犯法”，将文廷式“特取”显然不是无的放矢,“萝卜招聘”的背后固有文廷式素有才名之因，但让光绪帝堂而皇之地且不惜自降身价示好的原因肯定不仅仅是“文才”，更有培植羽翼的深意蕴含其间。

如果说为网罗文廷式，光绪帝、翁同龢在一次会试中无所不用其极，那么为延揽张謇，则可谓“十年磨一剑”。

张謇（1853~1926 年），江苏通州（今南通）海门常乐镇人，家中排行第四。张謇一家世代以务农为本，直到张謇的父亲张彭年时，在务农的同时兼营一个制糖的作坊，以贴补家用。张謇的科举之路可谓坎坷异常。

张謇家三代之内没有一个人隶名学官及生员秀才者，向例被称为“冷籍”。依科举考试例,“冷籍”子弟要参加考试，必须要经学官及生员担保，否则不予报名。然而，寻人担保意味着要出一份担保费用，如若考中，不枉一家人辛苦筹措费用；如若考不中或者如曾国藩父亲般连考 17 次才得中秀才的话，这一份额外的担保费用对于普通农家来说不啻为一笔重负。无奈，张謇的父亲听从塾师的建议，认如皋生员张驹为叔祖父，改名育才，到如皋去考。事前约定：如考中秀才付酬二百千。时年十六的张謇不负父亲期望，在如皋考中第二十六名秀才，其父颇为感激，从优付给张驹二百四十千。

科举之制，各县录取秀才有固定名额，“科举移民”称为冒籍，如考取，则占本地人名额，一经发觉，轻则斥革，重则处罚。张謇因冒籍，遂被知情者屡屡要挟。而张駉家亦觉张謇的冒籍之举可被用以索取重贿，于是勾结如皋的教谕、训导等人，控告张謇冒籍并将其扣押学宫。张謇为冒籍一事懊恼万分，为寻求彻底解脱，毅然决定自首，请求斥革归原籍。官司历时三年，在如皋知州孙云锦的帮助之下才以生员资格由如皋归通州原籍，为此家里已负债千金，濒临破产。

为缓解家中经济负担，张謇经人介绍投至淮军吴长庆幕府，主办机密文书。与此同时，又连续应乡试，然而却四次不及第。究其原因，辅导过张謇撰写八股文的老师认为其行文“独抒己见”。这种“偏离”程颐、朱熹等人注释的儒家经典而成就的八股文，即便见解深邃立意深刻，非遇独具慧眼的主考官的欣赏，则休想录取。

1882年，朝鲜爆发“壬午兵变”。

觊觎朝鲜半岛已久的日本以保护日本侨民为由乘机派兵进抵仁川，并强迫朝鲜签订《济物浦条约》和《朝日修好条规续约》。

为了延续清政府在朝鲜半岛上的军事控制优势，阻止日本吞并朝鲜，张謇随同吴长庆进驻朝鲜以稳定局势。在中、日、朝角逐的复杂政治环境下，张謇目睹了朝鲜政权的腐败、清政府影响力的日渐削弱，以及日本在朝鲜半岛上军事扩张上的有条不紊与不失时机的军事态势。为引起朝中决策者对朝鲜半岛战略地位的高度重视，他撰写了《条陈朝鲜事宜疏》、《壬午事略》、《善后六策》，对加强清政府国力、改进朝鲜政治、预防日本侵略三方面做了详尽的阐释、剖析，并提出具体改进建议，赢得翁同龢的重视和赞赏。这种文字、才学、政见上的惺惺相惜，再加上同乡这一浓厚的乡情情感，在不知不觉间成为翁同龢提携与笼络的对象，其间的种种努力可谓不遗余力。

光绪十一年（1885 年），三十三岁的张謇赴京参加顺天乡试。适逢潘祖荫、翁同龢为正副主考官，在翁同龢的力争下，将位于第六的张謇提为第二，称“南元”，只因第一名的籍贯必须是顺天府北京、直隶河北人。在翁同龢的观念里，举人第一（北元）与否无足轻重，重在张謇获得举人后可参加会试，进而为皇帝得人。然而，在接下来的会试中，张謇一次次与进士之名失之交臂，即便翁同龢多次着力延揽，却颇有南辕北辙之嫌，不免成为笑谈。

张謇所参加的礼部会试，颇富戏剧性。翁同龢煞费苦心，在礼部会试中暗中识别他的卷子，结果却连着三次鬼使神差般地帮衬了他人。

光绪十五年（1889 年），张謇参加会试，潘祖荫、翁同龢将无锡孙和的卷子认作张謇的，孙考中而张落第。

光绪十六年（1890 年）会试，将陶世凤的卷子误认为张謇，结果陶考中会元，张謇又落第。

光绪十八年（1892 年）第四次会试，翁同龢误认了刘可毅的卷子，张謇再次落第。

屡屡在考官的“保驾护航”下惨遭变故，令张謇不得不慨叹命运不济。

> 于是会试四次，合戊辰以后，计凡大小试百九十日在场屋之中矣。前己丑既不中于潘（祖荫）师，而今之见放又值常熟（翁同龢）师主试，可以悟命矣。
>
> （《张謇全集（日记）》）

光绪二十年（1894年），为庆祝慈禧太后六十大寿，朝廷又特开恩科一次。四十二岁的张謇再一次赴京应试。

此次会试，张謇获得第六十名贡士；复试名列第十名。在殿试阅卷中，翁同龢不遗余力为张謇争得一甲第一名。

按惯例，殿试试卷亦为糊名，由八名读卷官按官阶从第一到第八分阅。如某些卷子分在官阶最高的读卷官处，则其中最好的一卷即可初定为状元。但张謇的试卷分在官阶第三的翁同龢处，则只能初定为探花。经翁同龢力争，张謇试卷被评为第一，获得状元。

晚清众多的野史、笔记的作者，认为翁同龢屡举名流，是因为他“雅慕文才”，刻意延揽以“矜夸”。其实，这仅仅是一种历史的表面现象。时人有一种评论认为“是时权贵颇以植党为事，为挟名士以自重，常熟尤为风气之先”（叶景葵《卷庵书跋》），确是道出了个中的一些奥秘。

第六章　甲午硝烟下的六旬庆典

一　提前两年即开始筹备的六旬庆典

光绪二十年（1894年），是光绪帝亲政的第五个年头。这一年，即将迎来慈禧的六旬庆典。对于光绪帝而言，这无疑是亲政后所处理的诸多事务中最为重要的大事。此时，国内政局平稳，朝鲜半岛上的东学党起义也被朝野上下视为一般性的藩属国变乱，按惯例出兵弹压维稳即可。然而，令光绪帝意想不到的是看似平静的国内外局势，却在出兵朝鲜半岛中瞬息万变，一场改变清王朝命运的甲午战争在为皇太后紧锣密鼓地筹办和举办六旬庆典中开始了。

光绪十八年十二月初二日，也就是光绪帝亲政三年零十个月，光绪帝为远在两年后，即光绪二十年十月初十的慈禧六十岁寿诞颁下举朝隆重筹备的上谕：

> 甲午年，欣逢（慈禧太后）花甲昌期，寿宇宏开，朕当率天下臣民胪欢祝嘏。所有应备仪文典礼，必应专派大臣敬谨办理，以昭慎重。著派礼亲王世铎、庆亲王奕劻，大学士额勒和布、张之万、福锟，户部尚书熙敬、翁同龢，礼部尚书崑冈、李鸿藻，兵部尚书许庚身，工部尚书松溎、孙家鼐，总办万寿庆典。该王大臣等其会同户部、礼部、工部、内务府，恪恭将事，博稽旧典，详议隆议，随时请旨遵行。
>
> （《皇太后六旬庆典》）

在上谕中，光绪帝逐一点将，在上到亲王统领，下到中央各职能部门积极配合，都做了提纲挈领的安排。

从光绪帝的上谕中，我们可以看出三个问题：上到皇帝下到臣民，普天同庆；中枢大臣全员上阵；重要的行政部门协同作战。

光绪十九年（1893年）春，又成立庆典处，专司办理庆典事宜。

随后，一切为庆典而进行的准备工作大张旗鼓地进行着：油饰庆典场所，添置庆典所穿的服饰，令江西烧造绘有“万寿无疆”字样和各种吉庆图案的餐饮具。全国各地贡献的圣寿礼品以九为基数，九九为最多，寿礼囊括人间稀罕之物。为显示“圣寿”的隆重豪华，光绪帝还下令设计《万寿点景画稿》，计划从西华门到颐和园的数十里路上用彩绸搭建六十多处彩棚、戏台、牌楼、经坛和各种楼阁等点景工程（后因甲午战争爆发，点景工程未实现）。现存于故宫博物院的慈禧六十万寿六十段点景画稿真实地再现了慈禧大搞庆寿活动的情景。

如此的兴师动众，如此的高度重视，其程度堪比康熙帝的六旬庆典和乾隆帝的八旬寿诞。

有必要如此吗？人们常常对此进行质疑。

其实，在清宫中，皇帝、皇太后的寿典，是宫廷中重要典礼之一，皇帝的生日称为“万寿节”，皇太后的生日叫做“圣寿节”，其隆重程度与元旦、冬至并列。按照惯例，每逢旬寿，即满十年的生日，往往比较隆重，尤其是六十岁更具有一种特殊的意义。因为在中国的传统文化中，六十是一轮花甲，祝寿的规模与形式，超过以往。

在康熙帝六旬庆典中，可谓盛况空前。在京城中，沿街30里铺满细软的黄沙，一路张灯结彩。每一处街铺，每一座城门，都用朱漆彩绘，写满“寿”“福”字。整条街道，彩幡飘扬，旌旗猎猎。沿途为庆寿所搭起的戏台上，精彩的剧目不断上演。家家户户开门纳客，人们也像过春节一样，早早停下手中的活计，载歌载舞，参与到盛大的欢庆活动中来。在这场历时数十天的庆典中，就是要展示普天同庆的场景。为此，凡是六十五岁以上官民，都可以到京城参加畅春园的“千叟宴”，各位皇子、皇孙、宗室子孙年纪在十岁以上、二十岁以下的，都出来为老人们执爵敬酒分发食品，扶八十岁以上老人到康熙帝面前亲视饮酒，以示恩宠，并赏给外省老人银两不等。一时间，从全国各地来京为皇帝祝寿的六十五岁以上的寿星们，齐集京师，多达数千人。

乾隆帝八十寿诞时，不仅盛况不逊康熙帝六旬庆典，更有四大徽班，即三庆班、四喜班、和春班、春台班，先后为庆寿进京献艺。自西华门到西直门外高粱桥，每隔数十步设一戏台，南腔北调，四方之乐，荟萃争妍。或弦歌高唱，或抖扇舞衫，前面还没有歇下，后面又已开场，叫人左顾右盼，目不暇接。真是群戏荟萃，众艺争胜。

慈禧垂帘听政以后，每逢寿诞也必定庆贺，这既是沿袭宫廷成规，更是凸显皇太后垂帘听政的尊崇。具体的做法是：

> 王、公、二品以上官，集慈宁门外，三品以下集午门外，朝鲜使臣列西班末，按班行礼，不赞。冬至、圣寿节同。唯遇

大庆年，俟皇太后升殿后，增用宣表例。

(《清史稿》)

仅仅就慈禧作为皇太后而言，办一次规模盛大并隆重的六十庆典，符合中国文化传统。

然而当此之时，对于光绪帝而言，却是艰难万分，庞大的颐和园工程不断地吞噬着王朝的财政收入，而对日备战军队的编练、沿海的防卫也无一日不急需款项，在王朝库帑空虚的情况下，光绪帝却对皇太后盛大的六旬庆典高度重视，亲自筹办，那么庆典的费用又将如何筹措？

毫无疑问，从已经寅吃卯粮的清政府的财政状况来看，用于慈禧庆典的费用，只能是挪用、拼凑与搜刮，此外绝无他途。据《皇太后六旬庆典》档案资料记载，费用主要来自两个方面：

其一,“部库提拨”：从“筹备饷需、边防经费两款”中提用一百万两，从铁路经费中挪用二百万两；

其二,“京外统筹”：即向京内外臣工摊派银两。据档案记载，宗室王公、京内各衙门、各省督抚将军等文武官员共计报效银两二百九十八万余两。

这笔费用来源是《皇太后六旬庆典》档案中有据可查的银两，至于不见于账面的隐性费用还不知有多少。

已经亲政五年有余的光绪帝，即使有权力行使受限的状况，他也应知道东拼西凑的庆典费用是何等艰难。然而，查阅史料没有发现光绪帝对皇太后的六旬庆典提出有针对性的反对意见，更多的时候人们发现光绪帝似乎十分支持与配合，是什么原因导致如此的状况出现？

第一，光绪帝无法超越慈禧的全权。

光绪帝四岁进宫，糊里糊涂地承袭皇位，然而这份荣宠似乎不是成全慈禧可以继续垂帘听政，反而成为慈禧对醇亲王一家的无上赐予，从醇亲王奕譞到光绪帝，无一不表现出对慈禧的感恩戴德与恭敬有加。

一夜之间成为皇帝老子的醇亲王奕譞，为避嫌，不仅辞去各项官差，在京城过起了赋闲在家的平静生活，“自是恒年余，闭门不接宾客”，(费行简《近代名人小传》）而且即便在光绪十一年（1885年)，在恭亲王奕䜣被罢免后他重新出山，奕譞也无时无刻不生活在对慈禧的恭敬之中，时人王照在《方家园杂咏纪事》中记载：

光绪十二年（1886年）五月，奕譞奉命会同李鸿章到天津、旅顺、烟台等海口巡阅海军。为了这次盛典，慈禧特意赐给了奕譞一乘杏黄色的轿子。但奕譞非但不敢乘坐，还坚请慈禧身边的红人李莲英一同前往阅兵。出京后，每次接见地方大员，必命李莲英随见。奕譞之所以这样做，用意十分明显，就是避免擅权的嫌疑。

奕譞在生活上十分节俭，据曾经前往王府查验工程的吏部主事何德刚所见，当时，奕譞家的“房屋两廊，自晒煤丸，铺满于地，俭德不可及”。

身为皇帝父亲的奕譞，在私生活上如此简朴和低调，当然不能排除个人道德上的因素，但更多的还是忧谗畏讥的结果。

在光绪帝的成长中，慈禧一直对光绪帝进行立威严与传孝道的教育，使光绪帝断然不敢无视这尊“老佛爷”的存在。慈禧这个无所不在的主宰，像枷锁一样束缚着光绪帝的手脚，迫使他只能谦恭自抑、谨慎恭维、拿捏分寸，处理好无关大局的朝中琐事。即使大婚后，慈禧表面上似乎退养后宫，间或小住颐和园，然而，光绪帝依然按时问安、请示。慈禧住在宫内，光绪帝更是依惯例每日请安；如果住在颐和园，他也必须间日或数日一问安。对此，翁同龢洞若观火，他在日记中记载道：

> 现在办事一切照旧。大约寻常事上决之，稍难事枢臣参酌之，疑难者请懿旨。
>
> （《翁同龢日记》）

英国人濮兰德、白克好司在他们所著的《慈禧外纪》中，更加一针见血地分析道：

> 太后此时，表面上虽不预闻国政，实则未尝一日离去大权。身虽在颐和园，而精神实贯注于紫禁城也。

值此慈禧六十寿诞，光绪帝又怎能对慈禧高度关注的庆典仪式产生些许的怠慢，更不用说漠视了。

第二，慈禧威严无人能敌。

归政以后的慈禧，应该住在哪里？按照宫中的惯例，慈禧应该住在慈宁宫，因为这里是专供过世皇帝的遗孀们居住的地方，是宫中的寡妇世界。依封建礼仪，皇帝不能与前朝妃嫔同居东西六宫。为了安置业已归天的老皇帝的妃嫔，特地建造了慈宁宫供她们居住。于是，慈宁宫就成为皇太后的正宫。

慈禧理应住在这里。

但是慈禧不愿意，因为依慈禧的做事原则来判断，慈宁宫无以显示自己的威严。

慈宁宫从孝庄皇太后开始就成为历代皇太后、太妃、太嫔们了却残生之地。慈禧认为自己与碌碌无为的她们不同，自己是这个男人世界的主宰，不应与历代皇太后一样在慈宁宫中掩藏光芒，她应该住到能够彰显她的与众不同的处所。

慈禧看中了宁寿宫！

宁寿宫是乾隆帝为自己年老归政后辟出的一个养老之地。只不过，乾隆退居太上皇以后，并没有立即移住到宁寿宫来。他之所以推迟入住宁寿宫，是因为他觉得自己身体依旧硬朗，朝廷依然需要他继续在养心殿主宰乾坤。乾隆皇帝谢世以后的一百年间，宁寿宫一直无人入住。原因很简单，因为这座修缮一新的福寿宫殿，是宫中专门为太上皇准备的。由此，宁寿宫就为未来的主人设置了很高的门槛：功盖乾隆帝，至少也应为太上皇。试想想，这样的门槛，有谁敢入住？又有谁能够入住？从乾隆皇帝之后的百年间，没有哪一位皇帝能获得这种资格，也没有哪一个皇帝敢于入住这里。

然而，光绪十五年（1889 年），光绪帝亲政以后，本应移居慈宁宫养老的慈禧，却偏偏选中了这令皇帝们都高山仰止的宁寿宫。她要在这里向光绪帝以及大小朝臣昭示：她虽为皇太后却犹如太上皇；她的秉政成就堪比乾隆帝伟业；她有资格循乾隆帝至死归政不归权的先例。

至此，我们已经可以清晰判断光绪帝虽然已经亲政，但他没有操控全局的能力，大政方针的制定还取决于慈禧。我们有理由相信，在慈禧六旬庆典筹备和进行中，无论是作为“皇儿”的孝心，还是慑于皇太后的积威，光绪帝对于实权在握、高高在上的慈禧的花甲寿诞不能有丝毫怠慢，也不敢有丝毫怠慢。

正是光绪帝一直以来所表现出来的“孝心”，成就了慈禧不是皇帝胜似皇帝的所为，也正是光绪帝在慈禧六旬庆典筹备中的高度重视，一定程度上迎合了慈禧对六旬庆典的期待。

二　东学党起义与日益迫近的战争脚步

1894年（光绪二十年）6月1日，是光绪帝全力操持慈禧六旬庆典的关键时刻，然而，意想不到的是从朝鲜半岛传来了东学党起义的消息。此次起义是朝鲜历史上规模最大的一场农民起义，在东学道首领全琫准的领导下，以鸟枪、长矛、大刀、铁叉、锄头、木棍为武器，攻城略寨，反对朝鲜的封建统治，并建立了自己的农民政权。在统治处于岌岌可危之时，朝鲜政府向清政府要求派兵援助。

在中朝宗藩体系下，朝鲜政府向宗主国请求派兵弹压起义维护统治，本无可厚非，然而，在日本一直伺机寻求挑起事端，从而不惜与清政府开战以获得朝鲜半岛更多权益进而赢得在中国更多权益的前提下，东学党的起义，无疑给日本提供了挑起事端的机会。于是，日本利用各种手段促使战争爆发。

首先，日本秘密派遣浪人内田良平等组织“天佑侠团”，打入东学党起义军内部以推波助澜。

“天佑侠团”是由日本积极鼓吹对外侵略的国家主义的右翼政治团体玄洋社组织起来的，当朝鲜东学党起义军一举攻占了全罗道首府全州，并震动整个朝鲜后，玄洋社驻釜山的人员一面派人收集朝鲜义军的情况，一面派其骨干从釜山赶赴朝鲜义军所控地区。“天佑侠团”所确定的行动方针为：

第一，“必须从朝鲜一扫清国的势力，欲一扫清国的势力，则必须使日清交战，以惩清国的横暴”，“然而朝鲜朝野误认清国为世界无比之强国，故甘心做清国的藩属而自得，其愚昧无知实属可怜”。因此，当前“务必挑起日清之战端，必须破除朝鲜朝野的偏见”。

第二，起草《天佑侠檄文》十二条，其中对中朝两国宗藩关系进行恶毒的挑拨，并宣称“愿奉公等为领袖，只要坚持安民兴国之志，不惜全力以赴，予以尽力”。“如听我等所言，吾等将欣然为公等之先驱，冒箭石、排刀剑，开辟入京城之路，全力以赴死而后。”

第三，密切侦察东学党起义军情况，以优良的攻防武器为诱饵，借以联络东学党起义军。

7月中旬，“天佑侠团”一行来到朝鲜起义军总部所在地淳昌，受到起义军总部的接待。在会见起义领袖全琫准时，他们向起义军宣布“天佑侠团”所起草的“檄文”，笼络义军；试爆水中炸弹，以显示炸弹的威力；给伤员洗伤敷药，以取悦于起义军。

由于全埲准对“天佑侠团”存有警惕，拒绝了“天佑侠团”的所谓帮助，不日即与“天佑侠团”分道扬镳。但日本借助“天佑侠团”伺机在东学党起义军中挑起和扩大战火的阴谋，却昭然若揭。

其次，怂恿清政府出兵赴援朝鲜。

日本政府十分清楚，只有清政府出兵，日本军队才可以在朝鲜半岛与清军发生冲突以制造事端。为诱使清政府尽快出兵朝鲜，驻朝日使馆的译员曾无不关心地建议袁世凯：

> 匪久扰，大损商务，诸多可虑，韩人必不能了，愈久愈难办，贵政府何不速代韩戡？我政府必无他意。
>
> （戴逸等《甲午战争与东亚政治》）

在既要维护与朝鲜的宗藩关系，又要防范与日无谓的军事冲突的情况之下，清政府选择了谨慎派兵朝鲜的决定，并按照《中日天津条约》的规定，将中国派兵赴朝的决定通知日本。然而，为挑起事端，日本政府故意挑剔中国照会中有“保护属邦”字样，声称：“帝国政府未曾承认朝鲜为贵国属邦。”借此也向朝鲜出兵，并承诺：“俟乱定，彼此撤兵。”（戴逸等《甲午战争与东亚政治》）然而进驻朝鲜的日军却一直在增加，到6月底，已达万人左右。

最后，日本一步步制造事端，将中日关系推向战争状态。

事端一：

6月16日，日本向清政府发起首轮挑战，炮制了“中日共同改革朝鲜政治”方案：建议由中日两国派出委员，共同调查和改革朝鲜内政，并决定“不问与中国政府的商议能否成功，在获得结果以前，我国决不撤回目下在朝鲜的军队；若中国政府不赞同日本提案时，帝国政府当独力使朝鲜政府事先上述之改革”。(陆奥宗光《蹇蹇录》)

这就意味着无论日本所提出的所谓的朝鲜政治改革方案清政府同意与否，日本都将实施下去，如果清政府执意不肯，那就必将诉诸武力。

正如陆奥宗光后来所说的那样：“如果中国政府拒绝我国提案，不问其理由如何……由此可断定中日两国的冲突终将不可避免，不得不实行最后之决心。这个决心，帝国政府在最初向朝鲜出兵时业已决定，事到如今，就更无丝毫犹豫之理。”(陆奥宗光《蹇蹇录》)

其实，所谓朝鲜内政的改革方案的提出，无非就是要将清政府置于两难境地。

事端二：

清政府拒绝方案，在日本政府的意料之中，于是日本政府便按照既定步骤，于6月22日发出强硬照会：“帝国政府为谋朝鲜之安宁静谧计，实有施行种种计划之必要。……假令贵国政府所见相异，帝国政府亦断不能发令撤去现驻朝鲜之军队。”(王信忠《中日甲午战争之外交背景》)

这一照会在外交辞令中处处流露着蛮横、无理，以不撤兵相要挟，意在与中国决裂。故陆奥宗光称此照会是“对中国的第一次绝交书”。

事端三：

7月初，日本在通过一系列的外交手段获得俄国和英国的默认或不干涉的外交承诺后，便将中日关于朝鲜问题的谈判推向绝境，单方面中断了与清政府的谈判活动，并于7月16日发出了被称为“第二次绝交书”的照会，强词夺理地指责清政府所提出的两国先从朝鲜撤兵以避免冲突的主张是“有意滋事也”,“嗣后因此即有不测之变，我政府不任其责”。

事端四：

在列强调停无果之后，7月23日，大批日军冲进朝鲜王宫，打死王宫卫队，劫持朝鲜国王李熙，解除朝鲜军队的武装，并胁迫朝鲜国王的生父大院君出来执政。

事端五：

7月25日，日军击沉“高升”号，同时对孤悬牙山的清军发动进攻。

8月1日，中日两国正式宣战。

三 在清流派主导下的对日战争

自朝鲜请兵弹压东学党起义以来，日本利用清政府所秉持的中朝之间传统关系而派兵入朝，以保护日本侨民为由大肆向朝鲜调兵，并蛮横地制造事端，意“与中国作战”(东亚同文馆《对华回忆录》)时，光绪帝却不得不每日都在皇太后的六旬庆典问题上备受煎熬。对于光绪帝而言，在慈禧六旬庆典问题上断断不敢有丝毫的怠慢，这是在人们的意料之中的。因为这不仅关乎光绪帝对于卷帘而并未完全归政的皇太后的一片忠心，更关乎对于威严无所不在的“皇阿玛”的一片孝心。尽管他将六旬庆典置于国事的高度，事无巨细逐一过问安排，难免令他身心俱疲，但毕竟这还在他可控范围之内，只要户部在寅吃卯粮的财政上筹措了足够的银两，用以安排庆典；只要朝野上下尽心落实，一切还可以在自己主导下去完成。

然而，在朝鲜问题愈加紧迫、中日战争大有一触即发的关键时刻，光绪帝却有力不从心之感：朝野上下对日开战与否的争论甚嚣尘上，然而作为清朝的皇帝——光绪帝却无法力排众议，因为他知道自己无力全权掌控朝鲜问题，更无法把握中日之间战与不战。

第一，朝廷中的权力核心人物慈禧在中日战争的问题上，与以往对外战争的认识与策略相比没有突破性和针对性提升。

毫无疑问，慈禧在清廷之中仍然居于控制实权的地位，而她思想上的极端空虚、政治上的极其腐败，表现在开战前对日本的认识，依然沿着盲目虚骄到得过且过妥协的这条轨迹滑行，这也几乎成为慈禧对外认识与活动的规律。

甲午战前，慈禧对于日本所存有的虚骄心态代表着朝野上下的普遍认识。这或许是源于历史上中原王朝文化长期领跑亚洲所带来的优越感；或许对明治维新后日本的扩张计划与强军实力认识不足；亦或许对八年前中日“长崎冲突”中存有一定对日优势的肤浅认识。

如果说前两种心态是一种潜意识的话，那么中日长崎冲突则是北洋海军建立后最真实的感受。

长崎冲突发生在 1886 年 8 月。七八月间，清政府批准了北洋海军针对俄国不断觊觎朝鲜半岛的示威操训，当北洋海军完成操训，自符拉迪沃斯托克返航时，军舰急需入坞加油修理。于是，提督丁汝昌及副提督英国人琅威理决定率领定远、镇远、济远、威远四艘战舰，入日本长崎港内停泊修理。8 月 13 日星期五，舰上中国水兵上岸，却与岸上日本警察发生冲突，随后演变为斗殴，致使一名日本警察重伤、一名中国水兵轻伤。对于这一次冲突的原因，中日之间莫衷一是，当时的两份报纸道出了两种原因。

《申报》(来自长崎的报道)："十三日若干水兵上岸购物，在岸上遇上一名日本警察，毫无理由地命令他们停止。中国水兵以为被污辱，因之斗殴遂起。"

《长崎快报》(当地英文报刊)："有一群带有醉意的水兵前往长崎一家妓馆寻乐，因而发生纠纷。馆主前往警察局报告，一日警至，已顺利将纠纷平静。但因中国水兵不服，不久乃有六人前往派出所论理，非常激动，大吵大闹，引起冲突。日警一人旋被刺伤，而肇事的水兵也被拘捕。其他水兵则皆逃逸。"

两天之后，周日。由于 8 月酷暑，舰上炎热难耐，北洋水兵纷纷请假要求外出，为防登岸后再次节外生枝，提督丁汝昌只允许下午半天假且不许携带武器。然而，意想不到的事情再次发生了。当晚 8 点左右，再次发生斗殴事件，双方混战长达 3 小时。按照日本学者安岗昭男的统计，日方死亡 2 人，中方死亡 5 人；日方负伤 29 人，中方负伤 45 人。(安岗昭男《日本近代史》)

8 月 15 日的冲突，中日之间依然记载不一。

中方记载：由于 13 日冲突以后，日本警方伺机报复，见又有北洋水兵登岸，便故意挑衅，致使上千人围殴北洋水兵，刀砍、泼滚水、掷石块，以致伤亡惨重。

日方记载："（8 月 15 日）下午 1 点左右开始，各舰的上岸水兵已经达到四百数十人之多。他们在市中到处游荡，并聚集在广马场町的华人街一带……（下午 6 时）阪本半四郎巡查在广马场町巡逻中，一名迎面而来的水兵打掉了他的帽子，那名水兵还用西洋小刀对着他比划。这些水兵浑身酒气，举止异常；在长崎居住的清国人，对警察也是百般嘲弄和侮辱。……（下午 8 时左右）3 名清国人（不是水兵）堵在（3 名日本巡警）前面，三番五次，反复纠缠，要么伸手触摸警察的面部，要么拿小刀对着警察比划。有些清国人再次出来，企图夺取福本巡查的警棒。福本巡查正要采取防范措施，后边又来了一个人，双方扭打在一起……"（安岗昭男《日本近代史》）

对于此次事件的处理经过了近乎马拉松式的谈判，直至次年 2 月才达成结果：中日双方互相抚恤。由于中方伤亡数字高于日本，因此所获抚恤金额远远高于日本。

对于这一结果，朝野上下颇为满意，"遵伤多恤重之议，归结尚不失体，事属可行"。一句"尚不失体"道出了中方的真实心态：对外交往，屡战屡败，长崎冲突却保全颜面。

保全颜面即是胜利的意念真实地折射出时人对日的虚骄心态。

进入 1894 年，日本屡屡挑起事端，意在逼迫清政府走向战争的目的已昭然若揭，作为清王朝最高决策者的慈禧，也确曾发出过对日本的挑衅不能"示弱"的懿旨，（翁同龢《翁文恭公日记》）但不做充分的战争准备，依然将精力置于"六旬庆典"之上，除却慈禧无法摆脱封建专制权力下的家国一体的意识外，虚骄心态下的侥幸心理也是真实显现，她仍“视东寇若无事者”。(刘侃《犊鼻山房小稿》)

第二，李鸿章对日避战观。

年逾七十的洋务派首领李鸿章，依然是朝廷不得不倚重的外交代表与军事核心人物，毕竟他所经营、统辖的老淮军和北洋海军，是清王朝赖以生存的军事支柱。虽然，他不时地在朝廷防范与倚重的夹缝中挣扎，也屡屡遭受清流派的品评与指责，但不容否认的是，他在三十余年的外交生涯中，已被列强所认同并视为清政府唯一懂得外交的官员。因此，李鸿章作为大清王朝大厦将倾前的资深裱糊匠，他的建议往往具有举足轻重的效用。

在朝鲜半岛问题以及中日交战问题上，李鸿章坚持认为当此之时不宜与日本开战，应在朝鲜问题上回避日本的挑衅，退守避战为上，以寻求英俄等国的外交干预，从而形成对日本的外交制衡。

李鸿章认为：一方面，中国正面临着“三千年一大变局”,“外患如此其多，时艰如此其棘，断非空谈所能有济”。(李鸿章《李文忠公文集》) 战争最后结果应是国家实力的显现；另一方面，对于貌似强大的北洋海军，李鸿章有着超乎常人的认识，在朝中诸多官员对于海军力量盲目乐观的时候，他却对北洋海军的弱点充满忧虑。

1894年 5 月他在会奏海军校阅情形折中指出：“即日本蕞尔小邦，犹能节省经费，岁添巨舰。中国自十四年北洋海军开办以后，迄今未添一船”,“以之守口，尚足自防”，因此,“居今日而曰攘夷，曰驱逐出境，固虚妄之论”。(李鸿章《李文忠公文集》)

朝鲜半岛的危机，一旦恶化，必定是中日间海军实力的较量，与其贸然与武装到牙齿的日本交战，不如先行退避，保存实力，以寻求缓解危机的途径。因此，6月日本有计划地向朝鲜半岛派兵总数已超过清军驻朝人数，驻日公使汪凤藻、驻朝总理交涉通商事宜袁世凯对于日本强化军力剑指清政府，先后向李鸿章提出向朝鲜半岛派军的建议。

汪凤藻致电李鸿章，有鉴于日本在朝鲜半岛驻扎重兵，建议其也应厚集兵力，以备不测。李鸿章回电汪凤藻时，表达了自己对日紧逼的态度："日性浮动，若我再添兵厚集，适启其狡逞之谋。因拟必战，殊非伐谋上计。"（《李文忠公文集》）

袁世凯忧心朝鲜时局，致电李鸿章建议调遣南洋水师迅速严备并续备陆兵时，李鸿章依然故我。

> 倭兵分驻汉（城）、仁（川），已占先著。我多兵逼处，易生事；远扎，则兵多少等耳。……我再多调，倭亦必添调，将作何收场耶？今但备而不发，续看事势再定。
>
> （《李文忠公文集》）

为避免朝鲜半岛形势恶化，李鸿章也曾做过撤兵的努力。"撤兵，解倭急"，多次叮嘱清军主将叶志超"整理归装"等。

李鸿章之所以避战保和，是因为他坚信国际外交中"两国交涉全论理之曲直"，更有各国之间的制衡可以利用，曾纪泽赴俄谈判，签订《中俄改订伊犁条约》，争回部分权益的案例，使李鸿章对国际调解化决朝鲜半岛争端问题寄予厚望,“始则假俄人为箝制，继则恃英人为调停”(李鸿藻)。然而，李鸿章不得不面对的是朝中高昂的主战压力，主动从朝鲜撤兵即被等同为卖国，如此一厢情愿地祈盼国际调停，带来的也只能是军事上放弃主动，政治上迁延不决。

第三，后清流派成为主战的核心力量。

中日在朝鲜对峙并剑拔弩张之时，以后清流派为核心的主战派坚持认为日本侵略野心已昭然若揭，故须加强备战，派大军入朝，对日本的侵略予以反击。为促使清廷对日作战，他们四处奔走，竭力营造主战舆论。朝廷主战派依然沉浸在盲目的虚骄与自大中，一股莫名其妙的乐观主义洋溢在朝堂间。这些主战派中的大多数是朝廷的言官，被称为“清流党”。清流党人标榜风节，评议时政，指斥当道，不与权贵同流合污。这些人多半出自科举正途，谙熟章句旧学，但对洋务和世界情势一无所知。

自 1894 年 6 月起，以翁同龢为中心的清流派屡屡呈递主战奏折，围绕在翁同龢周围的张謇、文廷式等清流人士频繁集会，谈论时事，商讨策划战守方案，为翁同龢出谋划策。在充分阐释朝鲜半岛对清政府的战略意义的同时，也发起了与主张避战的枢臣孙毓汶、徐用仪的口舌之战。与此同时，其他清流人物也时有观点阐释：

首先，清流派强调保持与朝鲜宗藩关系中唇亡齿寒的依存关系。

如御史褚成博说:“朝鲜接壤中国，为我东藩”,“今若为日本所蚕食，不特藩篱尽撤，有唇亡齿寒之虞。”(《清光绪朝中日交涉史料》)

其次，日本占领朝鲜继而侵略中国，后患无穷。

太仆寺卿岑春煊上疏说:“窃惟朝鲜一国”,“实为要隘之区，故历朝不惮劳师靡饷，务臣其国，况今日逼近神京，尤关紧要。”如果承认日本对朝鲜的保护,“是启外国无厌争心”，若许各国共同保护,“则朝鲜已明非我属国矣”。无论是日本保护还是各国共同保护，“在我门户一失，东三省及北洋各海口均防不胜防，后患何堪设想”。(《清光绪朝中日交涉史料》)

而文廷式与志锐更是言辞激烈，为对日开战而鼓噪。文廷式认为日本出兵朝鲜的目标，并非企图侵吞朝鲜半岛一地，它的真实目的在于侵占朝鲜后进一步“寇侵”中国，因此正处于“事机危迫”的临战状态（《中国近代史资料丛刊续编·中日战争》)。志锐在总结对日交涉的历史教训后进一步指出，如果在日军重兵压境之际，能够“急治军旅，力敌势均，犹冀彼有所惮，不敢猝发”,“不然，则我退而彼进，虽欲求无衅不可得也”。(《中国近代史资料丛刊续编·中日战争》)

不可否认，清流派对朝鲜重要性的认识清晰而有高度。清流派所坚持的对日以战促和思想，是中国古代兵家久而有之的思想。以战促和的前提是实力，而清流派主战根据更多基于长期所形成的对日本文化之优越心理，尽管他们大量而反复地引用中法战争的一些胜利来证明对日作战获胜的可能性。

在他们的鼓噪下，台谏要角、词垣清显纷纷上书，痛切陈词，言战不遗余力。一时形成了主战言论甚嚣尘上的局面。当朝野上下处处弥漫着高昂的对日作战情绪的时候，是否对日作战便被提升到爱国与否的道德高度，而审时度势、规避战争的各种考量必将与卖国无异。如此，慈禧的因循、李鸿章的避战成为这一时期最不和谐的音符。

当此之时，光绪帝的主战决心极大程度地受到清流派的影响。清流领袖翁同龢身为帝师，深得光绪帝的信赖，“每事必问同龢，眷倚尤重”，“惟师傅翁公之言听计从”。(《戊戌变法》四）时任礼部侍郎的清流派健将志锐是光绪帝瑾、珍二妃的胞兄，思想较为敏锐通达，时亦主战颇力，加之与光绪帝的特殊关系，他频频上书言战也是影响光绪帝决策的一个因素。

清流派的主战观点势必要与李鸿章避战的想法相冲突，由此李鸿章饱受清流派的批评与指责便是一件极为正常的事情了。

首先，清流派对李鸿章依赖国际调停的妥协路线表示不满。

军机要臣李鸿藻严辞谴责李鸿章对日避战是恃宠而骄，辜恩溺职：

> 臣以为中日起衅已有半年，我皇上早已洞烛其奸，屡次谕旨促李鸿章速筹战守，不意李鸿章观望迁延，寸筹莫展，始则假俄人为箝制，继则恃英人为调停，甘堕洋人术中而不知误。夫所谓调停者，不过分为保护，如越南故事耳；不意李鸿章办洋务数十年，乃甘堕洋人之术中而不知悟也！
>
> (《中国近代史资料丛刊·中日战争》)

翁同龢更督促光绪帝给予李鸿章惩处并遣其戴罪督战：

眼下日韩事急，李鸿章久历戎行，身任方面，责任攸关，应该明白和战之道，所谓能战始能和，主战以自强为急，主和亦不可示弱以取侮，然而纵观李鸿章近两个月之所作所为，除了一味和戎、奔走乞怜外，全无战守准备，岂是老成谋国之道？至此，外间议论纷纷，李鸿章私心暴露无遗，依臣之见，纵不将其撤职查办，也应明白昭示其罪责，令其戴罪图功，方显朝廷策励。”

（《中国近代史资料丛刊·中日战争》）

上述言论，直接影响到光绪帝对国际外交调停的态度，光绪帝在上谕中说:“现在倭焰愈炽，朝鲜受其迫胁，势甚岌岌；他国劝阻，亦徒托之空言，将有决裂之势。”（《中国近代史资料丛刊·中日战争》）

其次，对李鸿章增兵朝鲜之谨慎深表不满。

侍读学士文廷式认为，在日本重兵侵略朝鲜已是“人人所共知”的情况下,“北洋之调兵，亦趑趄不前”，岂不是“甘心让敌，图安目前，而不顾后患”。他认为增派援军、与日对抗方为正途，切不可为“调停”、“议和”所误。

英人喜日之改制，引为己类。俄人之欲得朝鲜，尤甚于倭。此次三国出而调处，其无实心求益于我，较然可知也”，“倭兵之在朝鲜……以和议欺总署，而伺便一击。中国前敌诸

> 军，未接电信，虽有利便，不敢开炮，是常处于后而让敌以先，万无胜理。
>
> （《中国近代史资料丛刊·中日战争》）

并攻击李鸿章，发迹之时源于“藉资洋人，故终身以洋人为可恃”，以至于时至今日依然将天下海关税权归于赫德，北洋海军的兵权被德璀琳所制，“故一有变端，彷徨而罔知所措”。（《中国近代史资料丛刊·中日战争》）

礼部侍郎志锐更弹劾李鸿章一味因循玩误，迷信调停，“彼则着着占先，我则面面受制”，才使得日本在军事上居于主动地位。

> 专恃外国公使从中调处，借作说和之客，以图退兵之计。事起之初，则赖俄使，俄使不成，复望英使，英使不成，又将谁易？”
>
> （《清光绪朝中日交涉史料》）

在清流人士的鼓动下，光绪帝坚定了主战决心，在给李鸿章的谕旨中明确表示“朝廷一意主战”，并严令其“不可意存畏葸”、“顾虑不前”。（《清德宗实录》）

清流们富于正义感的振振有词的高谈阔论，却对中日开战的现实状况没有丝毫有效的办法；他们在空谈朝鲜的战略重要性的同时，却回避了清朝能否有实力保住朝鲜的现实；他们对于日本的轻视，更是昧于时势的表现。出于爱国热情或义愤的他们，为了实现其对日一战的主张，就不择手段、不措言词地打击排挤真正主持战务的李鸿章，看似爱国，实为误国。

在清流派的主导、光绪帝的严厉催逼下，大清王朝一步步按照日本人的设计，陷入了战争的泥沼。这是与日本决一死战的不归路。

四　胶着在六旬庆典与对日作战之间

举王朝之力，为慈禧筹办豪华生日庆典，由此而产生的各种名目的开支犹如压在光绪帝身上的一座大山。就在筹备庆典的同时，朝鲜半岛的政治军事危机，以及日本借题发挥所形成的步步紧逼的军事态势，令光绪帝心生无奈。

第一，为了应付军费开支，户部不得不向国外银行借贷。

据《近代史资料》1962 年第 3 期记载：由于战局恶化，为了军事需要，光绪帝不得不允准海军总理衙门向英国、德国订购了几艘快艇，又向阿根廷订购了十三艘快艇，而所需费用共计四百余万两；为了应付战局，军队的开拔、士兵的招募和编练、沿海的防御，总计需款三百九十余万两。如此巨大的军事开支，短期内集结在一起，令国库空虚，难以为继。百般筹措，依然无果，不得已户部只得再举外债。光绪二十年六月（1894 年 7 月），也就是慈禧寿典的筹备接近尾声之际，户部通过海关总税务司赫德，向英国银行借贷一千万两，年息七厘半，十年以后还本，十年中利息银四百二十万两。

第二，就在慈禧六旬庆典铺天盖地的准备过程中，光绪帝连续接到清军与日本军队的海陆作战屡遭败绩的战报：

六月二十三日（1894年7月25日），日本不宣而战，在牙山口外丰岛附近袭击并击沉清朝运兵的商船“高升号”，船上七百余人全部遇难。

八月十八日，日本海军在鸭绿江口的大东沟海面挑起了黄海大战，北洋海军顽强抵抗，统帅丁汝昌负伤，“致远号”等四艘战舰被击沉，几百名北洋海军官兵壮烈殉国。

九月二十六日（10月24日），日军渡过鸭绿江，大举侵入辽南，随后向大连、旅顺进犯。

第三，朝中官员上书要求取消生日庆典。

前方战事吃紧，军费开支屡屡告急，而光绪帝为慈禧筹备的生日庆典依然持续，这引起朝中部分官员的极度不满，以文廷式为首的清流派，纷纷上书，呼吁停止庆典工程，将祝寿费移作军费。

户部尚书翁同龢更是在奏折中向光绪帝历陈户部筹款之艰难，在充分理解光绪帝的诸多为难之处的同时，请求停止“以后寻常工程，其业经兴办之工毋庸停止”。（《翁同龢日记》）

面对朝廷官员的奏章，光绪帝在六旬庆典与对日开战问题上左右为难。在光绪帝进退两难之时，慈禧做出对生日庆典的规模进行限制的决定：

八月二十二日，慈禧发布懿旨：“着由宫中节省项下，发出内帑银三百万两，交户部陆续拨用，以收士饱马腾之效。”（《光绪朝东华录》）

八月二十六日，慈禧又发懿旨：“所有庆辰典礼，着仍在宫中举行，其颐和园受贺事宜，即行停办。”（《光绪朝东华录》）

八月二十九日，慈禧又发懿旨：一切点景俱暂停办。工程已立架油饰的不再添彩绸。(《翁同龢日记》)

这也许是为大清朝做了三十年当家人的慈禧在国难当头的关键时刻所做出的最大的让步吧。然而，庆典还需进行。

九月二十五日，王大臣以及外省各大臣呈进万寿贡物，拉开了慈禧六旬庆典的序幕。

从十月初一日起，内外臣工“穿蟒袍补褂一月”，隆重的祝寿活动正式开始了。自此，宫里日日有隆重的庆祝活动，直到十月十七日六旬庆典才告结束。

十月初十日，是慈禧六旬庆典的高潮。这天，宁寿门外至皇极门外设慈禧皇太后仪驾。辰刻，慈禧御礼服，由乐寿堂乘八人花杆孔雀顶轿出神武门、进北上门，至寿皇殿列圣前拈香行礼。又至承乾宫、毓庆宫、乾清宫东暖阁、天穹宝殿、钦安殿、斗坛等处拈香行礼毕，还乐寿堂。巳初，慈禧由乐寿堂乘八人花杆孔雀顶轿出养性门，升皇极殿宝座。礼部堂官引光绪帝于宁寿门中门入，诣慈禧前跪进表文，宫殿《点石斋画报》之“太后圣寿”监侍一员跪接表文，安于宝座东旁黄案上。光绪帝步行至宁寿门槛外拜褥上立，率诸王大臣等行三跪九叩礼。礼毕，还宫。随后，接受皇后、瑾妃、珍妃、荣寿固伦公主、福晋等参拜。礼毕，慈禧还乐寿堂，升宝座，光绪帝诣慈禧前跪递如意毕，皇后率瑾妃、珍妃等诣慈禧前跪递如意毕。慈禧由乐寿堂乘八人花杆孔雀顶轿至阅是楼院内降舆，光绪帝率皇后、瑾妃、珍妃跪接，然后进膳、进果桌、看戏。戏毕，光绪率皇后、瑾妃、珍妃跪送，慈禧乘八人花杆孔雀顶轿还乐寿堂。

如此的规模，如此的欢庆，令亲身参与庆典的翁同龢瞠目结舌，在日记中他写道："济济焉，盛典哉！"而这一天，日军攻占了辽南重镇大连。国土沦丧，重镇失守，民众惨遭屠戮的危殆时刻，慈禧却在宫中升殿受贺，大宴群臣，并接连赏戏三天。

当一个王朝把最高统治者的寿诞看得比民族的兴亡还重要的时候，这个王朝就走向了毫无希望的穷途末路。据后来史料披露，日本政府之所以选择光绪二十年发动这场侵略战争，原因之一就是，"日知今年慈圣庆典，华必忍让。倘见我将大举，或易结束，否则非有所得，不能去也"。(《李文忠公电稿》)

慈禧的六旬庆典在日军肆意侵略的战火中徐徐落下帷幕，朝野上下群情激愤，后来人们撰写对联来表达对慈禧所作所为的愤慨之情："万寿无疆普天同庆；三军败绩割地求和。"

五 "项庄舞剑意在沛公"

六旬庆典刚刚结束，已经归政的慈禧，却在甲午硝烟越演越烈之际，亲自出面严惩光绪帝身边的人，此举确实令人诧异。

十月二十九日，也就是慈禧六旬庆典过去不久的一次召见中，慈禧做出了一件令举朝震惊的大举措。翁同龢在他的日记中有记载：

> 皇太后召见枢臣于仪鸾殿，先问旅顺事，次及宫闱事。谓：瑾、珍两妃有祈请干预种种劣迹，即降旨着降为贵人，等

因。臣再三请缓办，圣意不谓然。是日，上未在座，因问：上知之否？谕云：皇帝意正尔！

随即，光绪帝上谕：

> 朕钦奉慈禧……皇太后懿旨，本朝家法严明，凡在宫闱，从不敢干预朝政。瑾妃、珍妃承侍掖廷，向称淑慎……乃近来习尚浮华，屡有乞请之事，皇帝深虑渐不可长。据实面陈，若不量予儆戒，恐左右近侍借以为夤缘蒙蔽之阶，患有不可胜防者。瑾妃、珍妃均着降为贵人，以示薄惩，而肃内政。

记载中，两件事情值得注意：

一是，这一“薄惩”使瑾、珍两妃刚刚到手的“妃”，瞬间无存，并被连降两级，变成了贵人。

二是，光绪帝为何喜欢珍妃，据说是因大婚之后隆裕皇后失欢于光绪帝，而瑾妃性情忠厚，不会巴结人，她与皇后走得很近，似乎同病相怜，反与光绪帝相处漠漠。唯珍妃因年幼而最活泼，又聪明伶俐。光绪帝其时也不过十七八岁，每日凌晨寅时上朝，午时退朝还宫，工作时间长达七八小时，很是辛苦。珍妃日侍左右，想着法子顺应光绪帝的喜爱，如扮出男装宛如少年美差官，加之她本来就工翰墨、会下棋，与光绪帝共食饮共玩共乐，对于男女之事毫不在意，所以博得光绪帝专宠。“德宗尤宠爱之，与皇后不甚亲睦。”（《国闻备乘》）珍妃还很大方，对宫中太监时有赏赐，太监们得些小恩小惠，也都竭力奉承这位“小主儿”。时间一长，这位“小主儿”也被捧得有点不知所以，渐渐失去自我节制。

清宫有制，皇后每年例银不过千两，递减至妃这一级别，每年仅三百两，嫔为二百两。珍妃用度不足，又不会节省，亏空日甚，不得不寻找生财之道。这样，就有了她与太监联合起来向外受贿卖官的事儿。珍妃依靠胞兄志琮，串通奏事处太监拉官纤（收人钱财为人跑官）。奏事处是太监与朝廷官员传达沟通的地方，因为有利可图，当时太监中很多人染指其中。珍妃住在景仁宫，景仁宫太监亦多有染指。私卖官职所收之贿款，一部分供给珍妃，其余由各层分肥。珍妃的主要“任务”是向光绪帝求情，最后搞定，“功劳”最大，自然分赃亦最肥。然而这种事可一可二不可三，毕竟会有影响，日渐彰显。有一次甚至卖到上海道员，搞出风传一时的鲁伯阳被劾案，惹得外界舆论纷纷。胡思敬《国闻备乘》云：

> 鲁伯阳进四万金于珍妃，珍妃言于德宗，遂简放上海道。江督刘坤一知其事，伯阳莅任不一月，即劾罢之。

光绪二十年（1894年）四月间，珍妃又为玉铭搞定四川盐法道一职，按例这一级别的新官放任，要由皇帝召见一下。光绪帝在召见时问玉铭在哪一衙门当差，居然对曰在木厂，光绪帝闻之骇然，于是命其将履历写出，玉铭竟久久不能成字，原来是一文盲。光绪帝大惊，于是另下一旨：“新授四川盐法道玉铭，询以公事，多未谙悉，不胜道员之任。玉铭着开缺，以同知归部铨选。”此事风播朝廷内外，慈禧闻后切责光绪，要求他必须追究责任。明清两朝明令规定：后宫不得干预朝政。何况居然推荐一个文盲去当道员，实在不像话。此时，即便光绪帝有意庇护珍妃，也难平物议。

那帮拉官纤的太监均被处以极刑。据信修明说：

> 太后宫的掌案太监王俊如，其徒弟小太监宣五、聂八，皆在其内。因为太后留面子，将王俊如等三人发遣奉天，缓些时日，方以密旨命盛京将军长顺将王俊如就地正法。其余奏事处总管太监郭小车子、奏事太监文澜亭，以及光绪帝御前太监杨姓孪生两兄弟，人称‘对儿杨’者，并无姓名可稽的内殿技勇太监，珍妃景仁宫的太监等，共同交内务府慎刑司立毙杖下，前后打死的太监六十余人。
>
> (信修明《老太监的回忆》)

可见珍妃一案在宫中牵涉面甚大，影响可知。事败后，珍妃之兄志琮惧祸逃沪，光绪二十四年戊戌八月被革职。

后宫不许干政是清朝入关后一直奉行的严苛宫规。珍妃借助光绪帝的宠爱，以满足私利为目的，宫内宫外互相勾连，卖官鬻爵，干预朝政，从规范后宫秩序出发，确有整肃的必要。然而，适逢中日之战清军节节败退之时，依常理也正是应举国同仇敌忾之际。慈禧却偏偏在此关口整治后宫，确有不合时宜之嫌。梳理甲午年间的宫中诸争，不难发现慈禧痛下狠手，是因为她无法容忍表面上依然对自己恭敬有加，而骨子里却产生了越来越强大的离心力的光绪帝，她无法容忍在光绪帝的身边有异己力量的存在。

光绪帝亲政之前，光绪帝与翁同龢之间的关系已经超越了一般的师生关系，建立了几同父子的情感，光绪帝对老师翁同龢不仅言听计从，而且专信有加。光绪帝亲政以后，这种情同父子的关系有增无减。因此，光绪帝亲政以后，他又将翁同龢、李鸿藻擢为军机大臣。

《清史稿·翁同龢列传》记载道：

> 同龢善伺上意，得遇事进言。上亲政久，英爽非复常度，剖决精当。每事必问同龢，眷倚尤重。

光绪帝对翁同龢这种极度的信任和依赖，表现为：要么与翁同龢在书房，“造膝独对”，秉烛长谈；要么在朝房召见军机大臣之前，单独召见，每每如此。特别是对日开战问题上的主战态度，时时与慈禧相左，引发了慈禧对光绪帝的不满和对翁同龢的猜忌。翁同龢对此深感不安。他在《松禅年谱》中记下了自己的无奈与担心：

> 最难处者，于枢臣见起之先，往往使中官笼烛宣召。及见，则闲话数语而出。由是同官侧目，臣亦无路可以解释。尝叩头奏：“昔闻和珅曾如此，皇上岂欲置臣于死地耶?!”终不能回，亦奇事也。

光绪帝亲政以后，在翁同龢的筹谋下，渐渐形成一股势力。这些人除了光绪帝一直依赖的翁同龢以外，还有志锐、文廷式等台馆诸臣。

他们事事秉承光绪旨意，并且敢于无视她这尊老佛爷，甚而抗衡，这无异于公然在向慈禧挑战。有两件事情令慈禧耿耿于怀且无法容忍。

一件事情是中日战争爆发后，追随光绪帝的官员企图扳倒军机大臣孙毓汶。

孙毓汶是慈禧在甲申易枢时提拔起来的亲信，颇得慈禧的欢心。中日战争打响以后，遭到志锐的严厉弹劾：中日战争，“天下皆知李鸿章措置之失，独孙毓汶悍然不顾，力排众议，迎合北洋；及皇上明诏下颁，赫然致讨，天下皆闻风思奋，孙毓汶独怏怏不乐，退后有言，若以皇上为少年喜事者”。(《清朝事典》)

志锐坚持立即罢斥孙毓汶，并勒令其退出军机处。慈禧分明感觉到了这是光绪帝的意向，她不能容忍有人居然胆敢在太岁头上动土。

一件事情是慈禧筹备六旬庆典，而他们力主停办庆典。

中日开战以后，又是这些人，特别是文廷式，居然敢不避利害，联合几十人上疏，力主对日作战，并大胆地提出停办慈禧太后六十生日大庆，把这笔庞大的开支用作军费。(《翁同龢日记》）这使得慈禧十分被动。慈禧的初衷是既能举办一个风光、宏大的庆典以满足自己的虚荣心，同时又想忸怩作态，做出不得已而为的样子——这是皇帝和臣下的孝心，并非我之主张。战争爆发以后，随着战争规模不断扩大，为了虚应舆论，慈禧确曾发布懿旨：

> 内而王公、一二品文武大臣，外而将军、督抚、都统、副都统、提督、总兵，照例应进贡缎匹，均著毋庸进献，以示体恤。
>
> （《皇太后六旬庆典》）

审时度势，慈禧只能选择也必须选择后者，她绝不允许有人胆敢无视她的权威，挑战她的存在。在此关键时刻，慈禧则连连摆下两局重棋：

第一局，补授亲信荣禄为步军统领。步军统领的全称是提督九门步军巡捕五营统领，下属八旗步兵营三万余人，主要负责京师的卫戍、警备、治安工作；由绿营组成的巡捕五营万余人，防守外城及京郊地区。其目的是将整个北京地区安全保卫的指挥权牢牢掌握在后党手里。

第二局，成立督办军务处，以奕䜣为督办，奕劻帮办，翁同龢、李鸿藻、荣禄、长麟会同商办。这个督办军务处权力极大，“所有各路统兵大员，均归节制，如有不遵号令者，即军法从事”。慈禧这么做，实际上是把最高军事指挥权完全收归到自己手中。值得注意的是，荣禄既为步军统领，又会办军务，成为慈禧力量的中坚。他与翁同龢共事，“几于无日不因公事争执”，成为制衡光绪帝力量的主要人物。

第七章　变法革新中的政治博弈

一　马关——见证“天朝”饱受屈辱之地

伴随着愈益浓烈的甲午硝烟，饱受争议的天朝皇太后六旬庆典终于在辽东前线节节败退的奏报中缓缓落幕。在长达近一年的“避战求和”与“起而迎敌”之间徘徊不定的大清王朝，没能躲过战争的重创，被一向视为蕞尔小国的日本步步逼进战争的漩涡。从黄海大战惨败到威海卫北洋海军全军覆灭，令国人充满幻想的北洋海军没能实现御敌于万里海疆的梦想，而紧急调集的陆上防线，即便云集了以两江总督刘坤一为首的各路人马，却依然无法挽回陆战全线溃败的战局，湘军宿将刘坤一未能续写其镇压太平天国的军事指挥传奇，不惜一切代价的“求和”成为清王朝唯一也是最后的无奈选择。日军未经预想的直隶平原决战便达到了预期的战争目的。

对日开战以后，光绪帝深陷于屡遭败绩的各路奏报之中，令他百思不得其解的是拥有貌似强大的北洋海军与八十余万常备陆军的大清王朝，却如此的不堪一击！或许，在光绪帝的潜意识中，他可以接受局部战争的失败，毕竟此前王朝已经有过两次对英法联军作战的失败，然而非要失败到如此万劫不复的地步，一定不是其所能预料到的结果。

日本强兵压境，虎视眈眈，回天无力的大清王朝不得不将停战议和纳入议事日程。

此前，皇太后寿诞庆典隆重举行的时候，旅顺沦陷在即，复出的恭亲王奕䜣日夜忧思，依他近三十年对朝政的了解，当此之时清朝军队反败为胜的可能微乎其微，如果战争持续下去，清王朝的失败必定更加惨重。于是，他与庆亲王奕劻联合向光绪帝提出建议：战争不宜持续，应择机议和。

对此建议，光绪帝并没有即刻做出应对，光绪帝首先寄希望于国际社会的干预，试图在日本大举进攻中引起俄、英、法、德、美等国的关注，出于捍卫各自国家的在华利益而能居间调停。嗣后，光绪帝发现各国的观望与调停缓不应急，在战局瞬息万变的情形之下必须另谋新策。于是，朝廷不得不派户部侍郎、总理衙门大臣张荫桓与督办军务处文案景星前往天津，去拜见已被解职的李鸿章，力求找寻解决目前乱局的良方。

李鸿章认为，日本正处于全胜阶段，在它志得意满、趾高气扬之时，派谈判人员贸然前往，不仅难以达成停战协议，甚而还会遭受更严苛的勒索。于是，李鸿章向朝廷建议，先派天津海关税务司德璀琳赴日本商议议和，即以清政府官员身份示意停战，又以其德国人的身份免受日本的折辱。

德璀琳（1842~1913 年），德国人，截至甲午战火燃烧之际，他在天津海关当差已二十余年，中法战争胶着之际，正是他斡旋于中法之间，从而签订了中法《简明条款》。令李鸿章记忆深刻的是，在光绪十一年伊藤博文来天津与李鸿章订约时，“该（德璀琳）与伊藤幕友某英员相识，从旁赞导，颇为得力”。(《李文忠公文集》）因此，德璀琳颇得李鸿章信任。

李鸿章在写给恭亲王奕䜣的信中，阐述了推荐德璀琳的理由：

> 六七月间，曾闻日人之意非不愿款，但欲中国自与商办，而不愿西人干预。目下彼方志得气盈，若速由我特派大员往商，转虑为彼轻视。鸿章与樵野（张荫桓）等再三斟酌，惟有择洋员之忠实可信者前往，既易得彼中情伪，又无行迹之疑。
>
> （《李文忠公文集》）

如李鸿章所料，日本外相陆奥宗光获悉清政府派德璀琳来日商谈议和之事项后，即刻与首相伊藤博文商议。他们认为，目前战局进展顺利，日本应扩大战果，在占领东三省大部领土之后，以随时进攻北京态势，逼迫清政府做出更大的让步。此时，清政府派洋人前来，必定是释放烟雾以探虚实。因此，二人商定不见德璀琳，迫使中国政府派出更有资格的代表。

十月末，德璀琳到达日本神户，日本政府以李鸿章的照会不具大清王朝国书性质，无法代表中国政府前来谈判为由，拒绝接见。

德璀琳只好悻悻返回天津。第一次试探性的和谈，宣告失败。

十一月，辽东战场噩耗频传：十三日，复州失守；十七日，海城沦陷，沈阳危在旦夕。

面对日军凌厉攻势，光绪帝束手无策，只好派张荫桓和邵友濂二人再次赴日“乞和”。

临行前，光绪帝降谕：“张荫桓、邵友濂现已派为全权大臣，前往日本会商事件。所有应议各节，凡日本所请，均著随时电奏，候旨遵行。其与国体有碍，中国力有未逮之事，该大臣不得擅行允

诺。慎之，慎之！”(《翁同龢日记》)

谕旨全然折射了光绪帝对此次议和的忧虑，虽然号称张荫桓和邵友濂为全权代表，然而对于议和中必定涉及的领土与赔偿问题，断断不能擅做主张。

张荫桓和邵友濂到达日本谈判的指定地点广岛后，日方对于中国的议和代表多方刁难。伊藤博文以中方国书中有“一切事件，电达总理衙门转奏裁决”内容为由，认定二人不具备代表清王朝谈判资格，拒绝与之谈判，并以广岛是日本军事重镇，不许闲杂人员逗留，将张荫桓和邵友濂赶至长崎待信。对此，翁同龢感叹道:“则近于辱矣！”(《翁同龢日记》) 第二次和谈，亦以失败告终。

光绪二十一年（1895 年）正月十五，在日本的要求下，光绪帝不得不派已被“拔去三眼花翎，褫去黄马褂”的李鸿章出任全权议和大臣，前往日本议和。

> 现在倭焰鸱张，畿疆危逼。只此权宜一策，但可解纷纾急，亟谋两害从轻。李鸿章勋绩久著，熟悉中外交涉，为外洋各国所共倾服。今日本来文，隐有所指，朝廷深维至计。此时全权之任，亦更无出该大臣之右者。李鸿章著赏还翎顶，开复革留处分，并赏还黄马褂，作为头等全权大臣，与日本商议和约。
>
> (《光绪朝东华录》)

随后，光绪帝任命李鸿章为全权代表的决定通过美国公使田贝转告日本。或许日本政府也认为与清政府和谈的时机已经成熟，遂通过田贝亮出了日本政府谈判的条件。

日本政府发给田贝的主要电文为：

> 中国政府除再派具有以下列条件为基础而进行谈判全权使臣外，即使派遣任何媾和使节，亦无法完成其使命：中国应在赔偿军费、确认朝鲜独立外，并由于战争的结果，须割让土地。
>
> （《蹇蹇录》）

电文中，日本政府强调此次和谈必定要以确认朝鲜独立、战争赔款为前提，而且必须割地！否则免谈。

以几近全胜的战绩启动与清政府的和谈，日本要求赔款与割地必将是苛刻的。此时，不论是光绪帝、慈禧，还是以恭亲王为首的皇亲国戚，或以李鸿章为首的满朝文武，谁能承担割地的罪名?!回想半个世纪前的鸦片战争，由于中国军队败于英法联军，被迫签订《南京条约》，道光帝深感无颜面对地下的列祖列宗，为此他决定缩减棂恩殿规模、陵前不设功德碑，以作惩戒。往事历历在目，光绪帝无法忘怀，然而日本重兵压境，不割地赔款，又怎能让日本停战退兵！

李鸿章经办外交多年，此前虽然也曾代表清政府签订了许多条约，然而在中日甲午战争中，中国一败涂地，若以全权代表的身份不得不同意割地赔款，这一重大责任无法担当，况且此举亦必将背负“卖国”的骂名。因此，李鸿章执意要得到清政府的全权授权，才肯出使日本和谈。

正月二十八日，光绪帝在乾清宫召见李鸿章。此次召见的核心内容是围绕割地问题而展开。李鸿章首先开宗明义,“割地之说不敢担承，假如占地索银，亦殊难措，户部恐无此款”。李鸿章所言，清晰阐释了自己对割地赔款的态度：割地关乎国家领土问题，自己无法决断；即便赔款，户部也难筹措。

时任军机大臣、户部尚书的翁同龢则认为:“但得办到不割地，则多偿当努力。”(《翁同龢日记》）只要不割地，赔款可以努力多付。在日本人必将以割地为议和的条件时，翁同龢的建议不免高调、空洞且缺乏可操作性。

以恭亲王奕䜣，军机大臣孙毓汶、徐用仪为首的大臣则认为，如果不答应割地，日本人停战一事“便不能开办”，当务之急是确保京城无忧，避免1860年英法联军长驱直入北京城的灾难重演。其观点虽然充满悲观主义色彩，但在强敌压境的关键时刻，却也真实地道出了时局现状。

在对日和谈的关键时刻，慈禧的态度一直表现出模棱两可的状态。原本李鸿章进京讨命，慈禧计划召见，然而，在光绪帝召见李鸿章后，慈禧以患病为由，拒绝召见，史载：皇太后“感冒，持药书看，按系肝疾挟风”。毫无疑问，慈禧避见李鸿章之举，是不愿承担对日和谈中割地决定的责任。

在朝廷没有一致意见且对割地一事争论不休的情形之下，光绪帝命军机处要求各省将军督抚电陈割地赔款的意见。在短时间内八个总督中的五人、十八个巡抚中的七人，电陈应力主停战议和，和谈中同意赔款，但不同意割地。而其余各督抚则三缄其口，不作表态。

整个大清王朝无人能为即将开启的中日和谈张目、担责。李鸿章的无奈可想而知。

二月初八日，光绪帝正式发出了全权证书，宣布李鸿章为头等全权大臣，予以署名画押之全权。

二月十七日，赴日和谈的全权代表李鸿章等人乘坐德轮“礼裕”、“公义”号，从天津启程直奔日本马关。

今天，我们很难设想当“礼裕”、“公义”号发出从天津离港的汽笛鸣叫声的瞬间，肩负大清王朝荣辱于一身的谈判代表们的心境如何，是“不愿”，是“无奈”，抑或是“懊恼”……但无论怎样的千差万别,“沉重”一定是每个人心中的共有！李鸿章尤甚！

马关，又名下关，日本本州西南的一个港口。赴日和谈的代表团成员，有出任过日本公使的李鸿章的儿子李经方，他精通日语，且与日本外相陆奥宗光有旧交，为方便谈判，遂向朝廷请示带其前往。此行，李鸿章还聘请美国前国务卿科士为顾问，用以咨询。随员还有伍廷芳、马建忠等三十余人。

中日议和之地马关春帆楼，此地居高临下，风景秀丽，附近有一处温泉可供休养，极目远眺可以清晰地看到停泊在港湾中的日军军舰。秀美中透着杀气，这是伊藤博文选择春帆楼为谈判地的真实目的。

光绪二十一年二月十三日（1895 年 3 月 9 日）下午 2 时半，李鸿章一行登上春帆楼。

春帆楼上，中日双方就停战与和谈展开了一场傲慢与屈辱并存的外交谈判。

谈判伊始，伊藤博文宣读了四条谈判纪律：一是除谈判人员外，不论何人有何事，一概不得踏入会场；二是各报的报道必须要经过新闻检查后方可付印；三是除官厅外，任何人不得携带凶器；四是各客寓旅客出入，均必须由官厅稽查。此外，伊藤博文还特别宣布：清政府议和专使的密码密电，均可拍发，公私函牍概不检查。表面观之，日本对谈判公正而有理，实际上日本早在甲午战争前就已成功破译了清政府的电报密码，中国使团与中枢往来的电文文本，日本人截获无余。

十四日（3 月 10 日），谈判正式开始。

首次谈判，伊藤博文向李鸿章提出的停战条件为：日军占领大沽、天津、山海关一线所有城池和堡垒，驻扎在上述地区的清朝军队要将一切军需用品交与日本军队，天津至山海关的铁路也要由日本军官管理，停战期间日本军队的一切驻扎费用开支要由清政府负担，等等。

日军以扼住北京咽喉山海关、天津一线为停战条件，尽显军事讹诈的谈判本质。一旦清政府拒绝，日本便可以借此再战，以获得更大的利益。与此同时，日军已悄悄向台湾开进，图谋在日军占领台湾并成为既成事实后再逼李鸿章就范。

伊藤博文大有胜券在握的得意。

春帆楼上，中日两国代表唇枪舌剑，谈判僵持不下。恰在此时，一桩突发事件改变了谈判的进程。

十七日（3月13日）下午4时30分，中日第三次谈判结束后，郁郁寡欢的李鸿章脚步沉重地走出春帆楼，乘轿返回驿馆。在李鸿章的轿子几近驿馆时，人群中突然有一日本男子蹿出，在猝不及防的情形下，照李鸿章就是一枪。李鸿章左颊中弹，瞬时血染官服，当场昏厥。一时间，现场大乱，行人四处逃窜，行刺者趁乱溜走。随员尽快将李鸿章抬回驿馆，由随行的医生急救。幸好子弹只是嵌进左脸颊骨，没有大碍。苏醒过来的李鸿章异常镇静，叮嘱随员保存好血衣。摩挲血迹斑斑的马褂，七十三岁的李鸿章感慨万千："此血可以报国矣。"

谈判国未尽保护义务，竟使他国谈判代表被本国国民所刺伤，不啻为一件轰动世界的丑闻。一时间，国际舆论哗然。为此，日本政府极为忧心：如果李鸿章以受伤为由，就此打道回国，并由此引发各国对李鸿章的同情，那么，日本谈判的优势就有可能转瞬即逝。难怪伊藤博文闻讯后气急败坏地发怒道：这一事件的发生比战场上一两个师团的溃败还要严重！

可是，李鸿章遇刺的第二天，光绪帝发给李鸿章的电报，化解了日本所有的忧心。

光绪帝在慰问伤势的同时，指示李鸿章应趁"彼正理曲之时，李鸿章据礼与争，或不至终秘不与"。这份电文决定了谈判的走向，因为电文字里行间渗透着光绪帝迫切希望以此为条件促使日本停战，回归到谈判桌上商议议和。

我们不禁要问：为什么光绪帝坐失了可以改变谈判格局的机会？或许甲午战争的惨败已经无法令朝野上下清晰认识时局瞬间变化所蕴含的机遇；或许光绪帝已然将李鸿章遇刺视作千载难逢的谈判筹码？历史不能假设，然而今天的我们依然不得不认为光绪帝的决定失去了一次至关重要扭转谈判局面的良机！

行刺李鸿章的事件发生后，日本畏忌欧美列强干涉，迅速以退为进地采取了一系列措施：

首相和外务大臣亲临病榻慰问李鸿章；

天皇降诏严惩凶手；

日本司法机关很快将凶手小山六之介以“杀人未遂”罪判以无期徒刑；

天皇同意就此停战。

日本的一系列外交公关措施，将一场谈判危机瞬间化解，谈判重新启动。

二十五日（3月21日），伊藤博文亮出“和约”底牌：

中国承认朝鲜独立自主；

中国割让奉天南部、台湾、澎湖列岛；

中国赔偿日本军费银3万万两；

缔结新的通商行船条约，开放重庆、杭州等7处为通商口岸；

日本臣民可以在中国设厂从事各种制造，并能输入机器，等等。

李鸿章一生共签下三十多个条约，并且大多为不平等条约，可谓见多识广。虽然已对日本割地、赔款存有预料，但如此苛刻的条约内容，还是令李鸿章惊愕不已。尽管出国前光绪帝已允许李鸿章拥有割地、赔款的执行全权，然而他依然不敢做主。为慎重起见，李鸿章当晚将条约稿电达北京。

面对日方的条约电稿，清廷决策层无计可施：

恭亲王奕䜣和军机大臣、兵部尚书孙毓汶主张割让台湾，保住奉天，尽快议和；

翁同龢力主“台不可弃”；

光绪帝夹在中间，无计可施，难以抉择。

三月初三日（3月28日），光绪帝模棱两可地电告李鸿章：奉天和台湾，“朝廷视为并重，非至不得已，极尽驳论而不能得，何忍轻言割弃？”（《李文忠公文集》）

不难看出：这份语义含糊的电旨，暗寓“极尽驳论而不能得”时，可以弃地。当日方截获了这份密电后，全然摸清了清政府的底牌。

初六日（3月31日），中日全权代表开始第五轮谈判。伊藤拿出对中国修正案的复文，要求中国割让辽东半岛、台湾、澎湖，赔款2万万两白银，并蛮横地告诉李鸿章：“日本已让至尽头”，中国“只有同意不同意这两句话！”中国若不同意，日方决议再战，眼下广岛已有60只船舰做好了出征的准备。

会谈结束后，李鸿章再次急电北京，声言自己“力竭计穷”，切盼皇帝降旨明示。

初八日（4月2日），李鸿章盼来回电。光绪皇帝指示他继续与伊藤“磋磨”，争取减少赔款，“允其割台之半”，但辽东半岛的“牛庄营口在所必争”，倘若实在无法商改，同意“即与定约”。

次日，李鸿章又连复三电，强调日方“词气极迫”，已没有回旋余地，要是不按时订约，京师难保。

截至此刻，光绪帝完全打消了讨价还价的念头。

三月二十日（4月14日），光绪帝回电李鸿章，说原希冀争得一分之益算一分，现在既然难以商改，就遵旨定约吧。

第二天，中日双方进行了第六轮谈判，李鸿章不惜费尽唇舌，向伊藤请求将赔款减至1.5万万两，并希望以“少许之减额，赠作回国的旅费”。作为清政府全权谈判代表李鸿章的乞求，不免有尽失风范之嫌，然而此举又何尝不是李鸿章明知无望却再尽努力的企求与尝试呢?!

三月二十三日（1895年4月17日）上午10时整，中日和议第七轮会谈开始。11时40分，李鸿章和伊藤分别代表本国在“和约”上签字。

赴日前，李鸿章知道此行必定是“沉重而不得人心的任务，不但为全国人所唾骂，也许还要受到政府的公开谴责”。如其所料，当《马关条约》签字的消息传到北京后，内至宗室王公、部院、谏垣，外到直省督抚、一般士大夫,“莫不交章谏阻”，人们无一不把一腔的怨愤倾注在李鸿章身上，形成“国人皆曰可杀，万口一词”的局面。

马关交涉使李鸿章“一生事业，扫地无余”。

按照国际惯例，李鸿章赴日后虽在《马关条约》上签了字，但正式生效，还须清廷最后批准施行换约手续。

对于要不要批准换约，清政府最高决策人士在御前会议上再次发生激烈的争论。

光绪帝“因和约事徘徊不能决，天颜憔悴”；

慈禧以患感冒为由，不仅不接见军机大臣，还让太监传旨：“一切请皇帝决断”；

一味主战的翁同龢、王文韶、刘坤一等也开始退避。

无奈之下，光绪帝只好派伍廷芳和联芳赴烟台完成批准换约手续。

光绪二十一年的这个春天，马关见证了大清王朝以战败国的身份所饱受的屈辱。今天，当人们登临昔日签约的马关时，一条以李鸿章的名字命名的小街“李鸿章道”一定会令人错愕不已，这既是对这段历史的记录，也是对日本全胜的留存。

二　以拯救民族危亡的名义

在中国烟台《马关条约》如期换文，割地赔款必须按约实施，而由《马关条约》所激发的民愤却难以平息。为舒缓民众的愤懑之情，也为甲午战败、《马关条约》的签订而罪己，在交换条约文本的第四天，即四月十七日，光绪帝颁发上谕：

> 日本觊觎朝鲜，称兵犯顺。朕眷怀藩服，命将出师；原期迅扫敌氛，永纠边患。故凡有可以裨益军务者，不待臣工陈奏，皆已立见施行。何图将不知兵、士不用命，畀以统领之任，而偾事日深；予以招募之资，而流氓麇集。遂至海道、陆

道无不溃败，延及长城内外，险象环生。比来戎马骎骎有进无退，甚将北犯辽藩、西犯京畿；危急情形，匪言可喻。和、战两事，必应当机立断。念朕临御天下二十余年，宵旰忧勤，未尝稍释；今乃忽有此变，实惟藐躬凉德，有以致之！且天津海啸为灾，冲没营垒，为史策所仅见；上天示警，尤可寒心！乃尔诸臣工于所议约章，或以割地为非，或以偿银为辱，或更以速与决战为至计，具见忠义奋发，果敢有为。然于时局安危得丧之所关，皆未能通盘筹画；万一战而再败，为祸更难设想。今和约业已互换，必应颁发照行，昭示大信。凡此已成之局，均不必再行论奏。惟望京外文武大小各员，自今以后深省愆尤，痛除积弊，咸知练兵筹饷为今日当务之急，切实振兴，一新气象；不可因循废弛，再蹈前辙。诸臣等均为朕所倚畀，朕之艰苦，当共深知；朕之万不得已而出于和，当亦为天下臣民所共谅也！钦此。

（《清德宗实录》）

在这一上谕中，对于甲午战争的失败原因，光绪帝的总结是：

第一，将不知兵，士不用命，畀以统领之任，而偾事日深；

第二，予以招募之资，而流氓麇集。

而综合这两点，光绪帝上谕中，甲午战败的核心原因无非就是将不得力、士不用命。这一原因的总结和归纳，在当时难以服众，在今天亦可认为肤浅而片面。

在甲午战争的硝烟还未散尽的时候，即刻要求光绪帝对战争失败的原因做出全面而深刻的反思，确强人所难。但作为战争中清王朝的核心人物，光绪帝对于战争的结果有着不可推卸的责任。

首先，已亲政六年的光绪帝，时时折射着一个“实习”皇帝的本色。

这实习表现为王朝政治的最终决策不属于光绪帝。亲政后的每一天，光绪帝都走在慈禧垂帘听政时所编好程序而运行下的帝国政治空间中，不能调整不能发挥，更不能改变和作为。慈禧是光绪帝心中自始至终的权威。在权威面前，一方面光绪帝表现出超乎寻常的遵从，一方面也表现出暗涌在心的一股股叛逆的冲动。他在等待，也在寻找，他要急于证明可以摆脱权威。朝鲜半岛上日本与大清王朝的种种争夺，渐渐激发了光绪帝守土并一雪耻辱的愿望。毕竟在光绪帝的心里，“日本之为国，不过三岛，浮沉东海，犹一粟土地，军力俱不及中国十分之一。其得与之相抗者，唯大小兵轮四十余艘，数有同耳。然数虽同，而坚大不及也，炮弹不夥也。加之人手无多，水陆不相护，战事未及十次，国中人财俱竭”。(《中倭战守始末记》)

于是，走进军事统帅状态下的光绪帝，尽展实习皇帝的本色。他夜夜研读记载圣祖康熙帝平定准噶尔的《圣武记》，以吸取列祖列宗用兵的经验，他不时模仿着先祖挥斥方遒指点江山的气魄，用“决一死战”、“迎头痛击”和“悉数歼敌”等词语一遍遍鞭策着前方将士，而丝毫不考虑知己知彼的战争原则。

其次，在战争中一厢情愿，一意孤行。

专制政治赋予皇权绝对权威的同时，也给予他行使权力时的一厢情愿、一意孤行。中日交战，清军屡遭败绩。光绪帝不谙大势、不懂军事的弱点全然显现。

平壤之战全面溃败；朝鲜半岛尽失；鸭绿江防线不堪一击……

面对全线的败退，光绪帝除却严惩李鸿章，拔去三眼花翎，交部严加议处外，别无他法。剩下的就是一厢情愿地下达督战圣旨，不讲战略不谈策略，唯求将士竭尽全力截住日本进击的脚步。对于战败，光绪帝只有两种态度：一种是指责将士“玩误”、“怯懦”；另一种是威胁，一旦失败就以“按军律惩办”、“决不宽贷”相威胁。在光绪帝一意孤行下，不断上演着所谓的“阻击战”、“决战”。

甲午战争失败之惨、屈辱之甚，极大地震动了国人，也极大地刺激了光绪帝,《马关条约》中割地赔款更对已处风雨飘摇中的大清王朝以致命一击。面对残破的江山社稷，光绪帝一筹莫展、无能为力，其痛苦可想而知！

然而，光绪二十一年（1895 年）的春天，一个来自广东南海的书生，走进了光绪帝的执政生活，不仅使朝政波澜迭起，而且也使光绪帝的命运跌宕起伏。这位书生就是康有为。

康有为（1858~1927 年），又名祖诒，字广厦，号长素，广东南海人。

光绪二十一年（1895 年）是会考年，康有为偕弟子梁启超赴北京参加会试，适逢甲午惨败,《马关条约》这一空前丧权辱国的条约内容已传到北京。当时云集京师的举人义愤填膺，奔走相告，强烈要求清廷拒绝批准条约，继续抗战。当时，十八省的“公车”分别在康有为、陈景华的鼓动下签名上书，反对朝廷批准《马关条约》(茅海建《“公车上书”考证补》)。

此次会试，康有为中式第五名。殿试之后，位列二甲第四十六名，赐进士出身，用工部主事。七月，他和梁启超创办了《万国公报》(后改为《中外纪闻》)，不久又在北京组织强学会。光绪二十三年（1897 年)，德国占领胶州湾，康有为上书请求变法。光绪二十四年初，光绪皇帝下令康有为条陈变法意见，他呈上《应诏统筹全局折》，又进呈所著《日本明治变政考》、《俄罗斯大彼得变政记》二书。

光绪帝似乎看到了自强维新的希望，他“日夜忧愤，益明中国致败之故，若不变法图强，社稷难资保守，每以维新宗旨商询于枢臣”。(《清廷戊戌朝变记》)

朝野上下人人知道，虽然光绪帝亲政久矣，然而慈禧一刻也没有放弃在大政方针上的幕后操作。光绪帝并没有真正意义上的皇权，他要大刀阔斧地在政权中进行改革，势必处处受制，寸步难行。据说，一向慑于慈禧积威的光绪帝，竟然对庆亲王奕劻发出了近代史上非常著名的一句牢骚：如果还不给我办事的权力，我愿退让此位，不甘做此亡国之君。

大大出乎光绪帝意料的是，对他大不敬的怨言，慈禧并没有大发雷霆，相反，慈禧在光绪帝到颐和园给自己请安的时候，竟然表示支持和理解。

据说，慈禧曾明白无误地告诉光绪帝：“变法乃素志。同治初即纳曾国藩议，派子弟出洋留学，造船制械，凡以图富强也。”

(《崇陵传信录》)从史料中慈禧的表白来看，慈禧似乎并非蓄意阻挠变法。如果说三十余年前慈禧曾经同意、采纳了曾国藩等人发展洋务的建议，那么对于光绪帝所要推动的变法维新，也不应该一味反对。

首先，作为清王朝实际上的最高统治者，慈禧清楚大清王朝正处于列强环伺的危殆局面。尤其是中日甲午战争之后，清政府陷入了空前的经济危机和政治危机。在危机面前，她随时有失掉显赫皇权的危险。这个在权力场上混了大半生的女人不会不明白，只要有能够巩固清王朝统治，并对加强其权力有好处的机会，她就不应该错过。因此，在光绪帝主张变法的起始阶段，慈禧并没有公然阻挠，这完全符合她的身份、地位与思维的必然逻辑。

其次，慈禧的支持是有条件的。对于嗜权如命的慈禧而言，判断得失的唯一标准就是她心中那个权力下的利益。如果变法能增强她的权力，她一定支持变法；而如果变法要削弱甚或要消灭她的权力，她必须全力镇压，哪怕付出血的代价。对她这种具有僵化的沉着、冷冰冰的权力逻辑和非常强势性格的人来说，变法不过是她前台的道具，权力才是她的生命之本。基于这样的原则，慈禧为光绪帝制定了变法的根本原则："凡所实行之新政，但不违背祖宗大法，无损满洲权势，即不阻止，儿可自为之。"(《清廷戊戌朝变记》)

也就是说，变法的前提是：

一，"但不违背祖宗大法"，也就是祖宗的大法不能变。祖宗的大法是什么？祖宗的大法是指封建专制主义制度不能变，封建的皇权不能有任何削弱。

二,“无损满洲权势”，就是说满族权贵的利益是根本，任何变法维新都要以最大力量去满足满洲权势的利益，以维护统治的根本。

光绪帝获取了慈禧关于变法基本原则的指示之后，启动了变法。

四月二十三日，光绪帝颁发了《明定国是诏》，宣布变法自强。变法正式开始。史称“戊戌变法”。

四月二十五日，光绪帝命工部主事康有为于本月二十八日预备召见，当面倾听他的变法主张。

四月二十八日（6月16日），光绪帝在颐和园勤政殿召见康有为，任命他为总理衙门章京，准其专折奏事，筹备变法事宜。

三　皇太后规范变法

对于清王朝而言,“避战”没有逃过甲午战争的惨败,“求和”的结果是签订了丧权辱国的《马关条约》。在战争的失败与屈辱中，年轻的光绪帝急切寻求自强的途径。

光绪二十四年四月二十七日（1898年6月15日），对于慈禧来说似乎是普通得不能再普通的春末的一天。然而，对于帝师翁同龢来说却是一个不普通的日子。这一天是老人六十九岁的生日。可是，令这位已经伴随光绪帝学习和生活近二十年的老人没有想到的是，这一天自己的人生轨迹出现了陡然的转折。

这一天天未亮，翁同龢与往常一样，早早就与其他的大臣一起，来到颐和园朝房外，等候皇帝的召见。颐和园修好以后，慈禧时常驻跸这里，光绪帝也就必须按时到颐和园向慈禧请安，并咨询对军国大事的处理意见。前日，光绪帝按惯例来颐和园给慈禧请安，所以翁同龢等大臣们也就在颐和园留宿值班。这天，天气特别阴沉，晚春的小雨下个不停，"檐滴有声"。(《翁同龢日记》) 此时，翁同龢的心情也犹如这阴郁的天气一样，难以豁然。

不一会儿，御前太监就传呼诸大臣进殿，但同时又宣布"着翁同龢勿入"。闻听此言，在场的人无不面面相觑。当其他大臣鱼贯而入，孤零零的翁同龢依然正襟危坐在朝房外等候。宦海沉浮了数十年的老人已经预感到某种不测即将发生，在"君叫臣死臣不得不死"的封建君主专制的时代里，身为臣下，此时的他也只有等待命运的安排。三刻钟左右，被召见的大臣纷纷退出，并从翁同龢身边匆匆而过。随后，御前大臣出来传一份罢免翁同龢一切官职的上谕，其主要内容为：

> 协办大学士、户部尚书翁同龢，近来办事，多未允协，以致众论不服，屡经有人参奏。且每于召对时，咨询事件，任意可否，喜怒见于词色，渐露揽权狂悖情状，断难胜枢机之任。本应查明究办，予以重惩，姑念其在毓庆宫行走有年，不忍遽加严谴。翁同龢着即开缺回籍，以示保全。
>
> (《光绪朝东华录》)

人们不禁要问：翁同龢与光绪帝之间亲如父子，怎么在没有任何铺垫的情况下，就有这样的上谕颁下？

从上谕看，给翁同龢罗列的必须开缺回籍罪责有两个：

一是“众论不服，屡经有人参奏”。也就是指责翁同龢最近一个时期做事难服众论，同僚中已经有人多次参奏。

二是在召对时，“喜怒见于词色”。也就是指责翁同龢在召见时，不够恭谨，喜怒情绪见于召对时的言辞与面色中。

如果说两条罪责中，“众论不服”是工作的失误，那么“喜怒见于词色”充其量也只能归属于工作态度，将其作为开缺回籍的理由太过牵强，大有“欲加之罪，何患无辞”的味道，显然这一条是为了配合“众论不服”，避免孤证，使其更有说服力罢了。那么，“众论不服”究竟指的是什么，以致惹怒慈禧与光绪帝，断然做出将翁同龢开缺回籍的决定。

梳理戊戌年（1898 年）春夏之交翁同龢年谱、日记中所记录的朝中事件，光绪帝与翁同龢之间在变法的认识上确有不同。

戊戌年正月间，光绪帝向翁同龢索阅黄遵宪所著《日本国志》，翁同龢对答“未称旨”，皇帝“颇诘难”。(《翁同龢自订年谱》)

四月初七日（5 月 26 日），光绪皇帝向翁同龢索阅康有为的上书，命令再写一份递交上来，翁同龢答：“臣与康不往来。”而理由是“此人居心叵测”。(《翁同龢日记》)

次日，光绪帝再次索要康有为的上书，翁同龢对答如昨，致使光绪皇帝“发怒诘责”。翁同龢不顾盛怒中的光绪皇帝的态度，仍说自己不会进呈康氏之书，认为可由皇上“传总署令进”。(《翁同龢日记》）光绪皇帝不允许，不顾翁同龢的顶撞，迫使他到张荫桓处传知皇帝之意。

四月二十三日（6月11日），光绪帝让翁同龢拟订诏书。据翁同龢记："今宜专讲西学，明白宣示等因，并御书某某官应准入学，圣意坚定。"而在翁同龢看来，"西法不可不讲，圣贤义理之学尤不可忘"，(《翁同龢日记》）并将其写入诏书。如此，光绪帝的"专讲西学"变成了翁同龢的"博采众学"。

四月二十四日（6月12日），光绪帝因为张荫桓被徐桐弹劾，要求翁同龢出面帮助张荫桓洗刷清白。张荫桓曾经担任过驻美公使，熟悉世界大势和对外交涉，皇帝对他也很倚重。但是，翁同龢不但拒绝为其辩护，反而与光绪皇帝"据理力争，不敢阿附"。(《翁同龢日记》)

因而，矛盾、怨怼的升级，引发急于变法的光绪帝对翁同龢的极度不满，甚至公开诘责。但是，无论光绪帝如何想要开复翁同龢，他都不能一个人决定，这一决定必须有慈禧的允准。

其实，慈禧对于翁同龢这位德高望重的状元帝师的能力与官品是非常赏识的。

前面我们讲过，翁同龢是接替他的父亲翁心存做同治帝的老师，虽然当时翁同龢年轻，没有经验，加之同治帝的顽劣，教育的结果并没有如人们所期望的那样，这使翁同龢的心中有着极大的愧疚。然而，令翁同龢没有想到的是，在同治帝死了以后，慈禧依然对他寄予重望，令他继续担任帝师，教育小载湉。翁同龢为了知恩图报，尽心竭力，力求辅导出一位有道明君。某种程度上，翁同龢对于光绪帝而言，既是严师，又是慈父。对此，慈禧颇为满意。所以，翁同龢为官数十年，一直位居枢臣，少有蹉跎和坎坷。

然而，伴随着光绪帝的亲政，光绪帝事事依赖师傅并事事要找师傅做主。特别是光绪帝在变法的酝酿和启动阶段，更是仰赖师傅，竟然把吹响变法号角的《明定国是诏》撰写的重任委托翁同龢。毫无疑问,《明定国是诏》是变法的宣言书和指导纲领，这里集中了光绪帝与翁同龢的变法思想。而在变法前光绪帝对于翁同龢的专信，使慈禧及其围绕在慈禧身边的势力十分担心。

四月二十日（6月8日），慈禧召见奕劻、荣禄、刚毅,“询及皇上近日任性乱为，要紧处汝等阻之?”同对曰:“皇上天性，无人敢拦。”刚伏地痛哭，言:“奴才婉陈，屡遭斥责。”太后又问:“难道他自己一人筹划也，不商之你等?”荣、刚皆言曰:“一切只有翁同龢能承皇上意旨。”刚又哭求太后劝阻。太后言:“俟到时候，我自有法。”(《清廷戊戌朝变记》)

慈禧的“法”是什么呢?

一是一定要给予光绪帝以警示。慈禧要通过这件事情警示光绪帝：我是这个世界的真正主宰，翻手为云，覆手为雨，你必须在我圈定的领域内变法，不可越雷池半步。

二是必须铲除光绪帝的最大依靠。慈禧一直认为，光绪帝应该将自己奉为神明并视为最大的依靠。而翁同龢却在不知不觉中代替了自己在光绪帝心目中的神圣地位，因此她必须铲除他，那就是从根本上阻止翁同龢与光绪帝之间这种依赖和被依赖的关系，她不能坐视光绪帝在翁同龢的辅佐下日益壮大，以至于摆脱自己的控制。

所以，在光绪帝变法启动伊始，慈禧同意光绪帝对翁同龢开复，在人们的意料之外，也应在人们的意料之中。

于此同时，慈禧又连续颁下了三道谕旨：

第一，命二品以上大臣谢恩陛见并诣太后前谢恩，外官一体奏谢。

慈禧再一次向朝野上下宣布，她对于二品以上的高级官员有任免的权力。按照清朝的官制，二品以上的官员主要有：一品，太师、太傅、太保、内阁大学士、内阁协办大学士、侍卫处领侍卫内大臣等；从一品，少师、少傅、少保、太子太师、太子太傅、太子太保、各部尚书、都察院左右御史、总督（巡抚）、侍卫处内大臣、各省驻防将军、八旗都统、各省总督、总兵、提督等；二品，太子少师、太子少傅、太子少保、内务府总管大臣、八旗副都统、护军统领、专城副都统、前锋统领、护军统领、专城副都统镇守总兵、銮舆使等；从二品，内阁学士、各部左右侍郎、翰林院掌院学士、各省巡抚、布政使司布政使、侍卫处散秩大臣等。

这就意味着慈禧牢牢地控制着中央高级官员以及地方封疆大吏的用人权，光绪帝在变法中对任何高级官员的任命和罢免必须经过慈禧的允肯，光绪帝没有用人权。

第二，以荣禄为直隶总督兼北洋大臣。

荣禄，字仲华，号略园，瓜尔佳氏，满洲正白旗人。辛酉政变前后为慈禧太后和恭亲王所赏识。官至总管内务府大臣。后因被劾纳贿，降二级，去职十余年。起用后，光绪二十年，允准入京拜贺慈禧太后六十寿辰，适逢中日战事紧急，留京再授步军统领，会办军务。战后，授总理各国事务大臣、兵部尚书、协办大学士，督练北洋新建陆军。

此次，在变法的关键时刻，荣禄再一次被慈禧所倚重，令其为直隶总督、军机大臣并节制北洋海陆诸军，成为慈禧最为信任的控制军事实权的中枢大臣。

第三，太后和皇帝将于本年秋间到天津阅操，命荣禄预备一切。

到天津阅操就是到天津去阅兵。只有真正拥有兵权的人才有资格去检阅军队。慈禧提前三个多月向天下颁布她要与皇帝到天津共同检阅全国最有实力的北洋诸军，无疑是向天下传递一个信息：我是全国军队的主宰，任何人不能撼动军队的指挥权。

三道旨令将朝廷的人事任免权、京畿军事防务权和全国的兵权都收到自己的手里。剩下的事情就是静观光绪帝如何变法了。她进可帮助光绪帝变法成功，退可阻止变法向不利自己的方向发展，前提就是看你变法是给了我什么还是让我丢了什么。慈禧的心中只有权力的得失，而国家的富强、民族的昌盛只能隶属于她的权衡权力得失。

四　以流血而告终的戊戌变法

光绪二十四年八月初六日（1898 年 9 月 21 日）晨，这一天戊戌变法刚好推行了一百零三天。按照内务府的日程安排，这天光绪帝要在卯初二刻，也就是早晨 5 点半左右，前往中和殿阅视祭社稷坛的祭文。

社稷坛是皇帝们祭祀土地神和五谷神的地方，明清时期的社稷坛位于紫禁城的西侧。在明清两代，皇帝都要在二、八月进行祭祀。此时，又是一年的八月，按照惯例光绪帝又要率领群臣前去祭祀，而在举行祭祀之前，光绪帝必须阅视礼部起草的祭文。所以，这天早晨的安排是先阅视祭文，随后处理政务。然后，到后宫向八月初四日回宫的慈禧请安、侍膳。可是，一件改变中国历史进程以及光绪帝命运的事情就在这一天早晨发生了。

黄鸿寿在《清史纪事本末》中记载：光绪帝“入中和殿，阅礼部拟祀社稷坛秋祭文，甫出殿，即有侍卫太监及荣禄之兵一队，称奉太后之命，引帝入西苑内之瀛台”。

紧接着，慈禧以光绪帝的名义颁布了慈禧再次训政的上谕：

> “现在国事艰难，庶务待理。朕勤劳宵旰，日综万机。兢业之余，时虞丛脞。恭溯同治年间以来，慈禧端佑康颐昭豫庄诚寿恭钦献崇熙皇太后两次垂帘听政，办理朝政，宏济时艰，无不尽美尽善。因念宗社为重，再三吁恳慈恩训政，仰蒙俯如所请，此乃天下臣民之福。今日始在便殿办事，本月初八日朕率诸王、大臣在勤政殿行礼。

（《上谕档》）

谕旨的实质就是结束光绪帝为期十年的“亲政”，重新恢复慈禧的“训政”。随后，慈禧以“结党营私，莠言乱政”的罪名，将维新派领袖工部主事康有为革职；命步军统领衙门四处捉拿维新志士。维新变法成为非法的政治行为。至此，推行了一百零三天的维新变法顷刻之间被慈禧所颠覆。

慈禧为什么会在变法推行了一百余天以后断然终止？变法期间，慈禧与光绪帝之间究竟产生了怎样的纠葛？

要想弄清楚这对“母子”之间矛盾冲突的原因，我们有必要分析一下光绪帝亲政以后，光绪帝与慈禧之间政治权力的归属关系。学界的共识是虽然光绪帝已经亲政，但其权力有限，真正的大权依然掌控在慈禧的手中。那么，慈禧是通过怎样的方式来把握权力的呢？

第一,“事后报告制度”。

“事后报告制度”是指慈禧允许光绪帝在朝廷一般事务的处理上有朱批权、口谕权，并可以对谕旨的形成有相当的处置权。但在事后，准确说是在第二天，光绪帝对于重要的奏折及其所做出的相关决定，必须向自己报告。我们可以认为，光绪帝对一般事务有处理权，而慈禧有监督权。

第二,“事前请示制度”。

慈禧在光绪帝亲政以前曾明确规定:“简放大员及各项要差”由“皇上奏明皇太后”；满汉尚书、侍郎及地方布政使、按察使等重要官员的任命“拟请暂照现章”，也就是依然由慈禧做主。

(《上谕档》) 如光绪二十四年二月初十日，光绪帝令刑部尚书廖寿桓在军机大臣上学习行走，翁同龢在日记中赫然记载“昨日请懿旨”。

查阅《清代起居注册》我们发现，光绪帝亲政以后，光绪帝与慈禧同住一处的时间大大多于分开的时间。慈禧住颐和园时，光绪帝就要间日或几日，单程花 3 个小时，赶赴 15 公里的路程去颐和园；慈禧也时常回城，住西苑的仪鸾殿。无论是同住颐和园还是城里，两人的住地都很近，皇帝每日请安、侍膳（早、晚餐）和陪同看戏。按照宫中规定，光绪帝请安要下跪，慈禧来宫中或西苑，光绪帝也要跪接跪送。如此频繁的接触，使光绪帝在处理朝中事务时，事前请示慈禧并得到懿旨的允准便成为一种惯例。

慈禧通过这样的制度，对于光绪帝以及朝中事务通盘把握。可以确认的是，在权力关系上，国家机器对光绪帝负责，而光绪帝要对慈禧负责。在光绪帝亲政以后的很长一段时间里，严格地说是戊戌变法以前，光绪帝一直恪守着这样的权力约定。在此前提下，“母子”之间相处比较融洽。

百日维新期间，查阅《清代起居注册》和其他宫中档案可知，慈禧时常回宫，而光绪帝也经常来颐和园小住，重大的决策都得到慈禧的同意，包括启动变法。既然光绪帝的重要决定都是在慈禧允准的前提下推行的，那么慈禧又何以推翻变法？如此，慈禧岂不是出尔反尔？难道光绪帝有什么事情没有得到慈禧准许而擅作主张，从而挑战了慈禧的绝对权威吗？

对于嗜权如命的慈禧而言，变法前提是不能触动她的统治利益。这是她为变法所设置的底线。在七月上旬以前，变法主要是在经济、文化领域推行，在慈禧看来似乎还可以容忍。因此，“母子”之间没有发生剧烈的冲突。然而，进入七月中下旬以后，情况发生了逆转。

在内务府的档案中记载，七月十八日，慈禧由宫中回颐和园；七月二十一日，光绪帝计划去颐和园。十九、二十日光绪帝独处宫中。可就在这两天，光绪帝做了两件令慈禧十分震怒的事情。光绪帝在没有事先请示慈禧的情况下，擅自发下了维新变法以来最重要的两道谕旨。

七月十九日，光绪帝颁下了罢免礼部尚书怀塔布、许应骙以及侍郎、署侍郎共计六位堂官的官职；将礼部主事王照着赏给三品顶戴，以四品京堂候补。

七月二十日，授杨锐、刘光第、林旭、谭嗣同为四品卿衔，“在军机章京上行走，参与新政事宜”。四章京虽然品级不高，但他们是光绪帝在军机处推行变法的得力助手。

杨锐，字叔峤，又字钝叔，四川绵竹人。清末维新派，戊戌变法六君子之一。以举人授内阁中书。光绪帝实行维新变法后，杨锐出任四品军机章京，参与新政。

刘光第，字裴村，四川富顺人。光绪九年进士，授刑部候补主事。维新变法期间，受湖南巡抚陈宝箴推荐，得到光绪帝召见，刘光第力陈时势艰危与中外积弊，受到光绪帝的赏识。

林旭，字暾谷，福建侯官人。维新运动时期他为维新变法奔走呼号。七月，经王锡蕃推荐，光绪帝召见了林旭。

谭嗣同，字复生，号壮飞，湖南浏阳人。清末巡抚谭继洵之子。甲午战败，谭嗣同提出变法主张，开湖南变法维新之先河。经徐致靖荐入京，协助光绪帝推行新政。

光绪帝打击顽固派、公开起用维新派的举措，分明是对慈禧绝对权威的挑战。这意味着改革开始朝着触动慈禧统治基础的方向发展。

光绪帝为什么会如此“自作主张”？事情的起因是，维新变法期间，光绪帝指示官员积极建言。王照作为礼部四品主事没有资格直接向皇帝上奏，而应由该衙门堂官代递他的条陈。由于王照的条陈内容多为新政，因此被消极怠政的尚书许应骙所阻隔。光绪帝知晓事情原委之后，怒不可遏，当即表示：“似此故意抑格（阻碍），岂以朕之谕旨为不足遵耶？若不予以严惩，无以儆戒将来。”

光绪帝的愤懑，表达了他一直以来处处掣肘于慈禧的一种不满情绪：

其一，自己虽为皇帝却没有一言九鼎的能力。

此一事件中，尚书许应骙的有意阻格，是将自己的谕旨视为具文的最好明证。变法以来，光绪帝事事受制于慈禧，而官员们或观望或唯皇太后马首是瞻，使得光绪帝对许多变法措施都无力推行。他心存愤懑而又无计可施。

其二，必须杀一儆百以寻求振作。

在变法举步维艰的关键时刻，光绪帝以罢免违旨的礼部堂官作为推行变法的警示。虽然光绪帝清楚他所罢免的六位礼部堂官，均属于一二品中央大员，根据慈禧四月二十七日所发的懿旨中的规定：二品以上官员的任免应由皇太后决定，而这些大员恰恰是光绪帝推行变法的最大阻力。为了让变法措施得以落实，光绪帝只能挑战慈禧的权威了。

对慈禧而言，光绪帝无视她的权威而断然罢免礼部堂官，无疑是一次权力示威。

首先，怀塔布是慈禧安排在光绪帝身边的亲信，光绪帝"左右大臣，皆由太后拔用"。(《戊戌履霜录》）所以，在慈禧看来，光绪帝此举是严重的越轨行为。

其次，明知二品以上官员的任免须由自己决定，然而光绪帝竟以身试法，突入禁区，触犯天条，这是慈禧绝不能允许的叛逆行为。

光绪帝的举措，在朝野上下激起轩然大波，慈禧震怒，当面质问并训斥光绪帝。光绪帝痛哭道："祖宗而在今日，其法必不若是；儿宁忍坏祖宗之法，不忍弃祖宗之民，失祖宗之地，为天下后世笑也。"(《戊戌履霜录》)

光绪帝一反常态的倔强，使得慈禧愤恨不已。在慈禧的眼里，光绪帝是自己二十五年中恩威并施所塑造出来的傀儡，他对自己只有服从的义务和依赖的行为，任何有悖于自己的言论和行为，都为离经叛道。尽管，在种种不得已的形势之下，光绪帝必须亲政，但他亲政中皇权的行使必须符合自己的规范。然而，变法以来，光绪帝越来越强硬的态度，简直就是否定自己的权威。特别是竟敢无视自己的权力，断然罢免了礼部堂官，一旦光绪帝被人假手或假手于人，将自己置于可有可无的位置，自己苦心经营了三十余年的权力大厦就会倾斜甚至坍塌，哪怕这种牺牲是为了国家和民族的根本利益，慈禧也不会接受。慈禧隐约感到了来自光绪帝及其维新党人的威胁。

嗜权如命的慈禧决不会坐视他人对自己权力的藐视和挑战，她要出击，她要应战。对前来哭诉的怀塔布等人，慈禧一方面“令其暂且忍耐”；一方面令怀塔布等人去天津与荣禄进行联系，密商对策。如果说，此前慈禧对变法的态度是限制变法规模、静观变法的动向，那么此事件发生以后，慈禧为了维护自己的既得利益，她要筹谋出击了。

梁启超对这件事情的结果分析得非常深刻，他认为：“皇上于二品以上大员，无进退黜陟之权。彼军机大臣及各省督抚等屡抗旨，上愤极而不能黜之。此次乃仅择礼部闲曹、无关紧要之人，一试其黜陟，而大变已至矣。”（《戊戌政变记》）

但这一事件似乎还不足以令慈禧骤然发动政变，还有哪些更加触动慈禧敏感的神经的事情发生，使她在短短的几天中做出了政变决定？

如果说，光绪帝罢免礼部堂官事件，被慈禧视为是对自己权力的藐视和否定，那么随后发生的另一件事情，从慈禧的角度来看，不啻是对她权力基础的动摇。

这就是在七月二十八日，光绪帝借去颐和园向慈禧请安的机会，对慈禧直接提出了维新党人建议开懋勤殿一事。

懋勤殿是乾清宫西侧的一座配殿，原来是专供皇帝读书的地方。康有为等维新派建议：以开设皇帝读书的懋勤殿为名义，“选集通国英才数十人，并延聘东西各国的政治专家，共议政治制度，将一切应兴应革之事全盘筹算，定一详细规则，然后施行”。(《戊戌政变记》)。

这个建议的实质就是：

一，在光绪帝的用人权受到极大限制的前提下，将诸如康有为等维新派品秩较低的人员，以议政的名义聚集到光绪帝的身边，成为政治核心力量。

二，从决定国家“应兴应革之事”的目的来看，开懋勤殿，名为议政机构，实为决策机关。如此，清朝政治机构中具有咨询和议政功能的军机处和总理各国事务衙门的职能将被架空。

对于权力十分敏感、一次次躲过权力的旋涡与暗礁的慈禧，清楚地知道开懋勤殿会导致什么样的结局：那就是维新派将云集于光绪帝身边成为枢臣，一个新的政治决策机构将应运而生。这不仅是对现存政治制度的挑战，也是对她把持了三十余年的清朝最高权力的挑战。一旦同意开懋勤殿，自己与光绪帝之间的权力关系将发生根本的改变。慈禧绝不允许动摇她权力根基的力量存在。光绪帝服从慈禧权力的时候，他们可以保持母子关系，但如果光绪帝所作所为直接威胁到她的权力，她将抛弃所有亲情，与之反目。这就是慈禧，权力永远置于亲情之上。

据说，此日慈禧与光绪帝之间发生了激烈的争论。

由于没有档案记载，我们无法知道争论的内容。然而，争论发生之后，光绪帝紧急召见杨锐，并将一份密诏交予杨锐，让他将密诏转交康有为等人。认真体味其内容，也可以找寻到母子之间争执的部分内容。

现将赵秉麟《光绪大事汇鉴》中所录的密诏的内容节录于下：

> 近来朕仰窥皇太后圣意，不愿将法尽变，并不欲将此辈老谬昏庸之大臣罢黜，而用通达英勇之人，令其议政，以为恐失人心……即如十九日之朱谕，皇太后以为过重，故不得不徐图之，此近来之实在为难之情形也……但必欲朕一旦痛切降旨，将旧法尽变，而尽黜此辈昏庸之人，则朕权力实有未足。果使如此，则朕位且不能保，何况其他？

由此，我们可以依稀地感觉到这对母子之间的冲突已近剑拔弩张：

第一，对于开懋勤殿，实行议政，慈禧坚决反对，理由是恐失人心；

第二，对于十九日罢免礼部堂官一事，慈禧认为处罚太重，继续严厉指责；

第三，对于慈禧近来的强硬态度，继续推行变法，权力“实有不足”，一味坚持，超越了慈禧为自己划定的权力范围，恐“朕位且不能保”。

此时，在我们的脑海里，一幅母子之间激烈争吵的场景跃然而出：

在慈禧还愤愤于十九日光绪帝不经自己允许，擅自罢免礼部堂官的事件中，光绪帝又提出了吸纳维新党人，开懋勤殿议政的方案，直接威胁自己的统治权力和利益，慈禧坚决反对，同时争论中再次提到了十九日的事情，并严厉警告光绪帝若继续一意孤行，其皇位将不能保。在慈禧的卵翼下生活了二十五年的光绪帝十分了解慈禧的性格以及处事方式,“皇爸爸”一旦对自己的皇位提出警告，就不会只停留在口头警告的层面上,“皇爸爸”调整与自己的权力关系指日可待。威严、心狠手辣的慈禧将怎样调整这种权力关系，光绪帝不知道，也不敢想象，所以在密诏的最后他表达了让维新党人速筹计策的想法。

从七月二十九日光绪帝来到颐和园，直到八月初三日光绪帝离开颐和园。其间，虽然由于开设懋勤殿一事，母子两人发生了激烈的争执，然而，在这四天的时间里，母子两人依然日日见面。慈禧照常接受光绪帝的请安、侍膳，光绪帝也在颐和园里处理一般性朝政。可就在光绪帝离开颐和园的当天晚上，慈禧做出了一个临时的重大决定：她要在次日，也就是八月四日回西苑。

西苑，又称“三海”，即北海、中海和南海合称，它位于紫禁城的西北侧，是一处重要的皇家园林。光绪帝亲政以后，慈禧在北京城里的时候，就常住在西苑的仪鸾殿。自从慈禧住到颐和园以后，慈禧就将颐和园视为她的常住地，没有什么特殊的事情，慈禧往往不回城里。依据《内务府档案》，光绪二十四年的前八个月里，慈禧离开颐和园回到城里居住共计约六次。其中，三次是因为恭亲王奕䜣病危，她前来探望。另外三次则是在咸丰帝的生日、光绪帝的生日和咸丰帝的忌日。由此可以判断，慈禧轻易不回城，一旦回城，就一定有特殊的事情。

八月初四日，慈禧从颐和园赶回西苑，根据《清代起居注册》记载，这一天光绪帝在申时于中海瀛秀园的门外，跪接慈禧。对于分别只有一天的母子两人，见面以后将会是一种怎样的情景？

恽毓鼎在《崇陵传信录》中有过这样一段描述：慈禧回宫以后，即“召上怒诘曰：‘我抚养汝二十余年，乃听小人谋我乎？’上战栗不发一语，良久嗫嚅曰：‘我无此意。’太后唾之曰：‘痴儿，今日无我，明安有汝乎？’”

一是慈禧见了光绪帝就怒骂，一定是光绪帝做了令慈禧无法忍受的事情；

二是从慈禧指责光绪帝“谋我乎”来看，应该是光绪帝做的事被慈禧认为有谋算她的地方。

在慈禧的怒骂中，我们依稀感觉到慈禧已经发觉“谋我乎”应该是来自于某个方面的威胁。

那么，又有什么事情促使慈禧必须要赶 15 公里的路程回西苑呢？这种威胁来自哪里呢？

这是因为慈禧获悉在八月初五日，光绪帝要在勤政殿接见来北京访问的日本前首相伊藤博文。

伊藤博文是日本明治维新时期的风云人物，他作为明治天皇的顾问，直接参与和指导了明治维新，颇有变法的经验。康有为对伊藤非常崇拜。变法期间，康有为曾经设想“楚才晋用”，也就是聘用那些富有政治经验的外国政治家，作为顾问，参与变法。康有为在建议开设懋勤殿的时候，就曾经流露过这一设想。“选集通国英才数十人，并延聘东西各国的政治专家，共议政治制度……”(《戊戌政变记》) 其中，延聘东西各国的政治专家，就是康有为的设想。如果将这些专家落实到具体人身上，那么东国的政治专家就应有日本的伊藤博文在内。

光绪二十四年七月二十五日，伊以“个人游历”的身份坐船抵达天津。七月二十九日，伊来到了北京，随后康有为前往日本使馆拜见伊藤，希望伊藤能够留在中国，帮助挽救变法危局。

这样一件事情，却成为舆论的焦点，很多传言不胫而走。其中，传播最广、影响最大的莫过于“光绪帝将留伊藤博文在京为变法的顾问，优以礼貌，厚其廪”。

这种议论是不是应归属于没有根据的谣言呢？从后来的事情发展来看，这种议论与推测有其可能性。有两件事情特别说明问题。

其中一件事情是，在八月初三日，候选郎中陈时政向光绪帝呈折，主张援引伊藤博文做顾问。

> 顷闻伊藤罢相来游中土，已至京师，将蒙召见，如果才堪

任使，即可留之京师，着其参与新政，自于时局更多裨益。

（《条陈时务便宜折》）

另一件事情为，光绪帝决定在八月初五日召见伊藤博文，并安排负责接待的张荫桓事先拟订“问答节略”。在变法的关键时刻，中国的皇帝要召见来自日本的在野政治家，其决定本身就具有一定的含义。

此事对于慈禧来说是一件关乎她能否继续掌握皇权的大事。慈禧感觉到如果一任光绪帝将伊藤博文留下做变法的顾问，那么将会形成自己难以控制的局面。

首先，慈禧深感自己的权力已处于危局。

在变法初期，慈禧同意光绪帝可以实施变法的前提是：不违背祖宗之法；无损满族权势。也就是变法不能触及现行的制度模式——君主专制的政治模式。可是，无论是英国资产阶级革命，还是日本的明治维新，无一不是在名义上保留王权或皇权的基础上，实施资产阶级改良。将皇权置于一种象征意义的位置，对于嗜权如命的慈禧而言是断断不能接受的。七月十九日，光绪帝未经请示即将六个礼部堂官全部罢免，慈禧已将它视为越权；既而，七月二十九日，光绪帝建议开设懋勤殿，又令慈禧意识到自己的权力深处危局。而此次伊藤来华已经使慈禧对于变法产生了恐惧，一旦伊藤留在北京参与变法，不仅自己将会失去对于皇权的控制，而且自己也将丧失对于未来变局的驾驭能力。

其次，在舆论呼吁下慈禧有了训政的借口。

伊藤博文访华在受到维新派欢迎的同时，也引发了守旧派的恐慌，御史杨崇伊就是其中的一个。在八月初三日，他向慈禧呈递了一份密折，重点陈述了对伊藤博文访华的后顾之忧。

密折中，杨指控维新派“蛊惑人心，紊乱朝政，引用东人深恐贻祸宗社”，杨预言道“伊藤果用，则祖宗所传之天下，不啻拱手让人”。他竭力呼吁慈禧“即日训政”。(《大同学会蛊惑士心引用东人，深恐贻祸宗社吁恳皇太后即日训政》《戊戌变法资料》）杨的密折对于伊藤访华后果的分析，慈禧已经十分明确，慈禧需要的是对光绪帝发难的机会，而杨呼吁慈禧再次训政的密折，使慈禧断然做出了要改变一切的决定。正如时人所分析的那样:“八月之变，幽禁皇上，株连新党，翻改新政，蓄此心固非一日，而借口发难，实由于伊藤之来也。”(《清廷戊戌朝变记》)

验之于以后的历史，我们有理由相信，此时光绪帝对于慈禧即将对变法进行清算的结果已经有所预料。

七月二十九日，光绪帝在开设懋勤殿的问题上与慈禧发生了激烈的争执以后，他预感到如果将变法继续推行下去，后果难测。于是光绪帝萌生了让康有为迅速离京，徐图未来大计的念头。随后发生的两件事情非常说明问题。

第一件事情是，光绪帝明发上谕，令康有为迅速离京。八月初二日，公开颁谕，以督办官报为由，令康有为迅速离京。

工部主事康有为，前命其督办官报局，此时闻尚未出京，实堪诧异。朕深念时艰，思得通达时务之人，与商法治。闻康有为素日讲求，是以召见一次，令其督办官报。诚以报馆为开民智之本，职任不为不重。现筹有的款，着康有为迅速前往上海，毋得迁延观望。

（《清德宗实录》）

在明发上谕中，光绪帝在向朝野上下传递着几个信息：令康有为督办官报是既定的方针，非一时的决定；现已筹得部分办报经费，康有为可以离京。

这两条信息的传达，充分显示了光绪帝的良苦用心：康有为离京赴上海办报是先前的计划和正常的赴任，而并非临时举措，减少慈禧对此的怀疑。

随后的另一件事情，说明光绪帝明谕康有为离京是不得已而为：光绪帝密谕康有为离京。

在颁发明谕的同时，光绪帝召见了林旭。林旭是光绪帝在七月二十日任命的四个军机章京之一，是维新变法的骨干成员。光绪帝命令林旭将一份密谕传给康有为：

朕今命汝督办官报，实有不得已的苦衷，非楮墨所能罄也。汝可迅速出外，不可迟延。汝一片衷爱热肠，朕所深悉。其爱惜身体，善自调摄，将来更效驰驱，共建大业，朕有厚望焉。

（《戊戌变法资料》）

密谕中，光绪帝道出了自己的无奈与苦衷：督办官报是不得已的选择；好自珍重以徐图大业。

其实，明谕与密诏，说的是一件事情，那就是令康有为迅速离京。只不过前者是官样文章，在剑拔弩张的慈禧面前做做样子；后者可谓语重心长，既对康有为表露了深切的关怀，又对他寄予了无限的期望。对康有为督办官报一事，在明诏中说的是理应如此，但在密谕里却阐释了自己的苦衷，所言可谓发自肺腑。

在慈禧回宫的晚上，光绪帝对身边的枢臣说："朕不自惜，死生听命，汝等肯激发天良，顾全祖宗基业，保全新政，朕死无憾。"(《清廷戊戌朝变记》)

光绪帝的一席话已经深深地表露了他的心境：一方面，他已经意识到了自己处于危险境地；另一方面，他仍在力争变法。他已经将生死置之度外。

因此，我们有理由相信，光绪帝对于慈禧的突然回宫和其将要采取的行动是有一定的心理准备的。

慈禧的回宫，并没有断然终止伊藤走进紫禁城与中国皇帝会晤，八月初五日的会面如期举行。没有更多的史料记载慈禧如此抉择的苦衷，但验之于这段历史的发展，有两点因素值得考虑：

首先，慈禧担心终止会晤会引起各国干涉。

慈禧清楚，自己虽然在撤帘归政后依然可以通过各项制度的规定对光绪帝实施有效的控制。然而，在自己的干预下，将大清皇帝已经公布的一项外事活动断然取消，不仅舆论对自己不利，而且还有可能引起在华列强势力的注意和干预。

其次，慈禧担心引起日本政府的不满。

慈禧清楚，虽然下野的伊藤已经不是日本首相，虽然伊藤以所谓的“私人游历”身份访问中国，但他日本“维新名臣”的特殊身份，使慈禧不能小视他的政治影响和社会能量。一旦在此事上草率处理，不仅会引起日本政府的不满，而且还有可能引起对中国怀虎狼之心的日本政府再次挑起事端。

因此，在纷纭复杂的政治斗争中一次次绕过急流险滩的慈禧采取了明松暗紧的方针，即允许光绪帝继续完成此次外事活动和其他的朝政安排，但对于光绪帝的言论行为进行有效的控制，或者说光绪帝慑于慈禧的淫威，对自己的活动和言语进行了约束。

因此，八月初五日光绪帝在接见伊藤博文和召见袁世凯的时候，表现出了许多异常的举动。

在光绪帝于勤政殿接见伊藤时，据有的史料记载，慈禧不仅对光绪帝会晤伊藤的《问答节略》，也就是事先所拟好的谈话问题稿进行了审定，而且在光绪帝召见伊藤的时候，慈禧就躲在勤正殿所悬挂的帘子后面进行监视。对于这样的记载，我们很难核实它的真伪，但从会谈的时间及会谈记录上看，一场康有为精心设计的外事活动，已经没有了任何实质上的意义，完全成为一种礼节性的过场。

在会见一开始，伊藤就直截了当地谈起中国正在进行的变法问题，并对光绪帝的变法行动表达了敬佩之意。

伊藤说:“外臣此次来华，系私自游历，非因公事，兹蒙陛下召见，深荷隆恩，不胜荣幸。陛下近日变法自强，力图振作，将来中国富强之业可立而待，外臣不胜钦佩，此实东方盛事，外臣归国述与敝国皇帝（天皇）知之，当必异常欢悦，愿陛下永保盛业，长享景福。”

然而，光绪帝却没有就此话题谈及最近的变法，而是转移了话题，谈起了一些礼节性的话题。

帝:“久闻贵侯大名，今得晤语，实为万幸。”

伊:“敬谢陛下褒辞。”

帝:“贵侯于何日起程?”

伊:“于一月前就道，曾在朝鲜勾留旬余。”

帝:“一路平安否?”

伊:“蒙陛下福庇，一路平安。”

光绪帝在会见中，只有几句涉及中国变法，他说:“我中国近日正当维新之时，贵侯曾手创大业，必知其中利弊，请为朕详晰言之，并祈于总署王大臣会晤时，将何者当兴，何者当革，笔之于书，以备观览。”(《戊戌变法资料》)

从以上会谈内容的节选中，我们有理由相信这绝非是光绪帝急于接见伊藤的初衷。事前，康有为将伊藤推荐给光绪帝作为变法的顾问，想必光绪帝对这次会晤寄予很高的期望，然而光绪帝在会见的言语间所表现出来的用礼节性的寒暄来敷衍此次会见，尤其是在会谈中不接受伊藤面谈对中国变法的想法，反而要求他写出书面的意见并转呈，这种舍近求远的举措，不合常理，应该属于光绪帝问话多有不便，或者百般无奈。此时，光绪帝已经难控大局。

由此，我们可以得出这样的结论：八月初六日慈禧宣布再次训政与伊藤博文访华有直接的关系。

八月十三日，慈禧下令处死杨深秀、杨锐、林旭、谭嗣同、刘光第、康广仁，史称“戊戌六君子”。

次日，慈禧以光绪帝的名义发布上谕，追捕康有为。

慈禧无情地扼杀了刚刚兴起于中国大地的维新变法运动，业已推行和将要推行的变法措施几乎全部被终止。

第八章 废帝风波中“孤家寡人”

一　被囚瀛台的无奈

在慈禧血腥镇压下，光绪帝一心向往的君主立宪政治改革终以流血的代价戛然而止，被囚禁在瀛台的光绪帝，不仅无力庇护集结在自己身边的变法人士，眼见他们四散奔逃作鸟兽散，甚而当以谭嗣同为首的“六君子”慨然赴死之时，他所能做的也唯有黯然神伤独自默念罢了。于是，慈禧在残忍地杀害了变法义士、囚禁了光绪帝后，又开始了她执政生涯中的第三次垂帘。

瀛台始建于明代，称南台。它位于西苑的南海里（今中南海内），四面环水，实为一小岛，北部有一木桥与陆地相连。中心建筑为涵元殿，并有许多亭台楼阁和奇石古木。清顺治年间修葺扩建后，改名为瀛台。这个建筑的主要功用是作为皇帝避暑、游览之地。每年皇帝祭社稷坛，礼成后都要到瀛台更衣；上元节皇族都到瀛台观看烟火；康熙帝、乾隆帝都曾在此听政、赐宴。

光绪帝被慈禧囚禁于此的原因，我们还没有找到直接的史料，但验之于以后的历史发展，不难看出其中所包含的寓意：

第一，与世隔绝，便于控制。

因为瀛台四面环水，唯一通向陆地通道是北部的木桥。光绪帝被软禁于此后，他只能在这四面环水的孤岛中寂寞度日。服侍光绪帝的太监，均经慈禧的心腹李莲英亲自挑选，对光绪帝名为服侍，实为“管教”。据说某年的冬季，南海水面已经结冰，一天，光绪帝微服出行，孰知刚走不远，便被守门人发现，即被“跪阻”返回。事后，慈禧太后闻知，居然命人把瀛台涵元殿处的冰凿开，以防光绪帝逃走。此说是否具有演义的成分，我们还需史料证明。但我们查阅宫中档案，在内务府的《记事簿》中，记载了光绪二十四年十一月十九日的一件事：

“瀛台周围沿边河面，现已冻冰，急派人赶紧打开一丈余尺，务见亮水，并由明日起派拨人夫进入镩打，不准冻上。”

从此，瀛台岸边每日近乎于徒劳破冰的举措，不厌其烦地进行着，唯一合理的解释就是为了防止光绪帝履冰而出。这位依然在位的大清帝国的皇帝，不仅被剥夺了执政的权力，而且完全失去了人身自由，与身陷囹圄的囚徒几无二致。

第二，皇家御园，适合对光绪帝进行幽禁。

在清朝的历史上，只有皇帝为受责罚的嫔妃在后宫设置冷宫，而没有专门为皇帝安排受软禁处所的先例。“冷宫”无固定地址，关禁王妃、皇子的地方，便俗称“冷宫”。查遍所见明、清史料，紫禁城无“冷宫”匾额，冷宫并不是对某一处宫室的正式命名。

慈禧要强行幽禁光绪帝，但是地点的选择必须有所顾忌，毕竟光绪帝依然是在位的皇帝，他居住的环境应该与他的身份相符。瀛台景色秀美，波光映日，水色山光，亭台楼阁的琉璃屋瓦掩映在碧树浓荫之中，令人有置身蓬莱仙境之感。建筑规模虽不如紫禁城，却也是皇家园林，富丽堂皇，符合光绪帝皇帝的身份，而且光绪帝也时常住在瀛台的涵元殿。因此，关押于此免得臣下有微词。

慈禧将光绪帝幽禁在瀛台后，似乎还不足以泄愤，为了彻底将光绪帝与外界隔绝，在政变后的几天里，又陆续把过去侍奉光绪帝的太监全部发落，或处死，或从军，无一人幸免。更对珍妃痛下狠手，再次施以杖责之后，撤去簪环，囚禁于钟粹宫后景祺阁北边的北三所（现坍毁）冷宫中，这地方就在今天珍妃井西边的山门里。如果这一出自太监之口的传闻属实，则此地算得一处“冷宫”。

从此，瀛台便成为囚禁光绪帝的一座“水牢”，光绪帝完全变成了一个不带枷锁的囚徒。而对这一切，他无从改变，他只能无奈地慨叹“欲飞无羽翼，欲渡无舟楫”。(《三海见闻志》)

光绪帝如囚徒般的生活，似乎并没有消减慈禧对其的怨恨。因为对慈禧而言，在权力与亲情的天平之上，她会义无反顾地将力量的砝码倾注在权力之上。在这对“政治母子”相伴生活中，让人们看到了权力面前人性的冷漠与亲情的缺失。

尽管光绪帝全然没有了任何政治的影响力量，然而他的存在依然成为慈禧心中难以摒弃的隐忧。

因为，光绪帝依然有重操大权的可能。

戊戌变法虽然已被镇压,“六君子”血染菜市口；康有为、梁启超流亡国外；光绪帝被囚禁。然而，她不得不面对一个事实：自己已经是一个六十四岁的老妪，即使保养有方，但体力和精力仍然大不如从前。可光绪帝只是几近而立，一旦自己百年，光绪帝就可以成为名副其实的大清皇帝。这样的事情随时可以发生，这不能不使慈禧心存担忧。

因为，三次垂帘难合家法。

如果说在同治朝与光绪帝亲政前自己蒙混视听并坚持垂帘听政似乎还可以顺理成章，那么在光绪帝成年并在位时却依然三次垂帘，便不合家法了，亦无法平息舆论。要继续垂帘听政就必须尽快找寻一个新的办法，既可以被人视为合法，又能借此巩固和完善自己的权力。

因此，一场名义为光绪帝安排皇位继承人的计划，在慈禧操持下紧锣密鼓地开始实施。

没有史料记载慈禧对于废掉光绪帝皇位可行性做过怎样的考量，或许在慈禧的心中就根本无须任何考量。对于嗜权如命的慈禧而言，她人生的轨迹是围绕权力的掌控形成的，把握人生取舍的唯一标准是最大可能地把握权力。二十多年前将皇位赐予不足四岁的载湉是为了自己能继续把持皇权；二十余年后剥夺他的皇位是为了自己能更好地继续把持皇权。

《崇陵传信录》中所记载的她与亲信大臣荣禄的对话，非常说明问题：

> 次日朝罢，荣相请独对，问太后曰：传闻将有废立事，信乎？太后曰：无有也。事果可行乎？荣曰：太后行之，谁敢谓其不可行者。

一句“太后行之，谁敢谓其不可行者”，虽有亲信荣禄恭维慈禧之嫌，但也折射出慈禧的强权凌驾于皇权之上的不可置疑的事实的存在。

在苏继祖《清廷戊戌朝变记》中较为详细地记载了政变当天光绪帝被围攻和惨遭训斥的场面。

这一天，慈禧把奕劻等王大臣召集至便殿，令光绪帝跪于案旁，并置竹杖于座前，用心营造了一个威严的气氛。然后，慈禧对跪在面前的光绪帝厉声呵斥：

“天下者，祖宗之天下也，汝何敢任意妄为！诸臣者，皆我多年历选，留以辅任，汝何敢任意不用！乃竟敢听信叛逆蛊惑，变乱典刑。何物康有为，能胜我选用之人？康有为之法，能胜祖宗所立之法？汝何昏愦，不肖乃尔！”

慈禧在群臣面前，将“离经叛道”、“变乱祖法”等罪责加在光绪帝的头上，于是在慈禧的怒骂声中，光绪帝遂成为不折不扣的“亡国败家”的祸首！

隔两天，慈禧依然怒气未消，再次将群臣召集至便殿，继续对光绪帝进行斥骂。同时，将在皇帝寝宫、书房和康有为住所中查抄的奏折文稿逐条讯问，逼迫皇帝“认罪”。

慈禧对于皇位的予与夺，完全取决于自己对权力的摆布和需要。何时夺和怎样夺，只看自己安排，她所要尽心而为的就是怎样能使废帝计划进行得顺理成章罢了。

戊戌政变以后，围绕着光绪帝的存废风传甚嚣尘上。八月初八日（9月23日），忽然京师传出消息，“皇上病势沉重，恐致不起”。八月初十日（9月25日），竟有光绪帝颁布上谕以寻天下名医。

朕躬自四月以来，屡有不适，调治日久，尚无大效。京外如有精通医理之人，即着内外臣工切实保荐候旨，其现在外省者，即日驰送来京，毋稍延缓。

（《清德宗实录》）

上谕向天下人昭示：

一，皇帝生病已四月有余，太医久治无效。既然连太医这样的天下名医都无计可施的病症，一定很重；

二，遍召天下名医速来京城，一个“毋稍延缓”再次告知天下，皇帝病重矣。

随后，慈禧“令太医捏造脉案”，（《德宗遗事》）并按时向外界公布，制造了一种光绪帝大病且不能理政的氛围。

上谕虽然是以光绪帝的名义颁发，却引起朝野上下极大震动。人们纷纷质疑光绪帝生病的真实性。众所周知，光绪帝四月份还在雷厉风行主持变法，此间未曾听说身体不适，缘何慈禧在镇压变法的同时突然昭示天下：皇上已患有重病，连太医都不可医治？于是，人们自然而然地将光绪帝的生病与慈禧又要制造什么阴谋联系起来。

二　以王朝名义的废帝风波

光绪帝得病后，外界均不知病情如何，而光绪帝健康与否又牵涉到权力之争，一时流言四起，外界猜测纷纷。由于光绪帝无后，刚毅、徐桐等保守派大臣提议废黜光绪帝，另立新君。

光绪二十六年（1900 年）正月二十四日，慈禧在仪鸾殿内召集御前大臣，其中有恭亲王溥伟（恭亲王奕䜣之孙，恭亲王死后袭亲王爵）、端郡王载漪及载濂、载澜、载滢、大学士、各部尚书、内务府大臣等，提出她的废帝主张。

> 上年康党之变，为皇上作主，害予一举，为上赞成，是以现已定夺，立即废之，另立他人为穆宗之子，元旦嗣皇应登极也。兹由卿等商议，于废立之后，应如何处置之？
>
> （中国史学会《义和团》）

慈禧废帝之意昭然若揭，可此等关乎朝廷安危之大事，又有谁胆敢为慈禧做主呢？众臣缄默许久，无以应对。

一时间，仪鸾殿内一片寂静，寂静得令人窒息。

好在老臣徐桐颇解慈禧之意，率先打破沉默，奏称：“似应赏以‘混德公’之名号，此系元朝赠南宋之废帝者。”

在徐桐心领神会的配合下，形成了众臣坚持废帝的局面，于是慈禧顺水推舟，宣布拟立他人承继大统的建议。

可是，让人意想不到的是大学士孙家鼐却阐释了自己的担忧，奏称：“臣不以废帝为然，务请斟酌再三，诚恐南省接耗之下，必有造反之意。”半路杀出程咬金，令慈禧大为不悦，本想自己抛砖引玉，让大臣们提出废帝建议，造成一种自己顺应“民意”的假象，然而不识时务的孙家鼐竟然反对。于是，气急败坏的慈禧不得不摊出自己的底牌，称“此事非尔汉人所知，尔等无干预之权。早将此意告皇上，他未敢违命”。（中国史学会《义和团》）

虽然徐桐等人坚持废帝，但孙家鼐的反对还是使慈禧心生隐忧，毕竟没有形成众口一词的废帝形势。在众人面前，慈禧依然故我、不容置疑，但心底里难免产生左右摇摆不能定策的情绪。众臣退下后，慈禧遂问计于其心腹荣禄。荣禄则认为，光绪帝一直为西方各国所青睐，被视作开明之主，若是轻易废黜，恐招惹西方各国非议。《崇陵传信录》记载了慈禧与荣禄关于废立皇帝的对话："荣曰：'上春秋已盛，无皇子，不如择宗室近支子建为大阿哥为上嗣，兼祧穆宗，育之宫中，徐承大统，则此举为有名矣。'太后沉吟久之曰：'汝言是也。'"

在荣禄建议中，我们不难看出两个用意：

一是，在近支宗室中选择皇嗣；

二是，将皇嗣育之宫中以待承统。

光绪帝已近而立之年，虽然大婚十年，但依然无子，且其身体日渐衰弱。从表面看，择一皇嗣，无可厚非。然而，清朝自雍正朝开始已不立太子，史载：

> 康熙末年，诸皇子阴谋夺嫡，理密亲王再立再废，诸子各树党羽，互相倾轧，圣祖因此忧愤而殂。泰陵既已智数登大宝，有鉴于前，遂垂永不建储之谕，臣下有请者立斩。
>
> （《崇陵传信录》）

处处标榜以家法为准绳、以祖制为规矩的慈禧，此时似乎已经忘记了早在雍正朝便已确立了"永不建储"的家法，她悍然违背

“家法”的实质，无非是为废黜光绪帝的皇位而做的精心准备。慈禧又将把这份“幸运”赐给谁呢？赐给端郡王载漪之子溥儁。此时，宫中“溥”字辈中不止溥儁一人，可慈禧为什么对溥儁“情有独钟”？

光绪帝即位之时，慈禧为了平息清廷物议，规定：醇亲王奕譞之子载湉承继咸丰帝为子，入承大统为嗣皇帝。俟嗣皇帝生有皇子，即承继同治帝为嗣。

然而，光绪帝无子嗣的事实就使得为光绪帝立阿哥需在近支王公溥字辈中物色人选。

溥儁的祖父奕誴，是道光帝第五子。道光二十四年过继给嘉庆帝第三子即道光帝的胞兄绵恺为嗣，承袭惇亲王绵恺的爵位，而依清制降袭为惇郡王，曾任宗人府宗令。但在奕詝继位大统后，由于奕誴是咸丰帝（奕詝）的胞弟，故于咸丰十年奕誴又被加封为惇亲王了。惇亲王奕誴的长子载濂袭贝勒爵位而享惇郡王衔，三子载澜为镇国公，四子载瀛则为镇国将军。奕誴的次子载漪自幼好武，并有一定的军事才干，慈禧太后要培养一个掌握兵权的贵族子弟为自己的亲信，于是即看中了载漪。但因清制一个王府里不能有两个王爷，于是在咸丰十年，载漪奉旨出嗣为嘉庆帝第四子瑞亲王绵忻之子奕誌为后。原本应该封载漪为“瑞”郡王，但封典时被误写成“端”郡王，宣旨时只能依旨而念，从此瑞王府凭空变成了“端王府”。对此，《清史稿》中亦有明文记载：“更名端者，述旨误，遂因之。”因此，无论从支派的亲疏，还是论继承的次序，溥儁均无份嗣立。但是，在慈禧看来，端王载漪的次子溥儁却是最为合适的人选。

第一，其父载漪受到慈禧的重用。

载漪自幼好武，曾统领过由八旗子弟组成的神机营，在宗室子弟纷纷钻营文职以寻求发展的时候，独载漪钟情于舞枪弄棒，并在统军中显示了自己的才干。因此，很早就引起了慈禧的关注，由此长时期统领朝廷禁军——神机营、虎神营。端王载漪本是个庸碌无能之徒，“少不读书，刚愎自用”，并且性格粗暴，睚眦必报，毫无风范可言。载漪的妻子是慈禧侄女，深受宠爱，并时常陪同慈禧出游。载漪为人虽鲁莽，但怕极慈禧，每次见到慈禧时都汗流浃背，这被慈禧认作是忠厚可靠的表现，“太后谓为忠诚者，盖以此也”。基于亲戚关系及认为载漪忠厚可靠，在戊戌变法期间，载漪坚决站在慈禧的一边，成为慈禧势力的骨干。

> 戊戌政变前夕，庆邸（奕劻）、端邸（载漪）同赴颐和园，哭请太后训政。
>
> （《清廷戊戌朝变记》）

第二，溥儁的年龄符合慈禧的心愿。

与溥儁同时有资格成为继承人的人选还有几位，但慈禧都不中意，因为他们已经成年。一旦继承皇位就应该亲政，慈禧无论如何都不能选择。而溥儁时年十四岁，慈禧又可以调教的同时多有控制。

于是，一场“己亥建储”闹剧在慈禧的主导下拉开大幕。

光绪二十五年十二月二十四日（1900 年 1 月 24 日），光绪帝照常来到慈禧所居仪銮殿，可当他走进大殿时，眼前的一幕让他有些不安，因为在这里云集了近支王公贝勒、御前大臣、内务府大臣，以及南、上两书房翰林和各部尚书，共约三十余人。光绪帝惴惴不安地坐在慈禧旁边，听由慈禧主宰。

慈禧当众宣布：

“皇帝嗣位时，曾颁懿旨，俟皇帝生有皇子，慎选元良，缵承统绪，其继大统者为穆宗嗣子。现在皇帝多病，尚无子息，故拟立端郡王长子溥儁为大阿哥，承继穆宗，免致虚位。”

慈禧安排大阿哥的理由可谓冠冕堂皇。因为，二十五年前为同治帝安排继承人时即已决定待光绪帝诞育皇子后必须为同治帝传继大统，可直至今日光绪帝不仅依然无子嗣，而且健康状况十分堪忧，从王朝大局着眼，为光绪帝安排大阿哥人选，似乎无可厚非。

当慈禧将目光移向光绪帝并征求其意见时，光绪帝只能连连称是。于是，在这次御前会议上，慈禧宣布端郡王载漪之子溥儁为“大阿哥”，预定庚子年元旦（1900 年 1 月 31 日）光绪帝行让位礼，改元“保庆”；并以光绪皇帝的名义发布上谕：

> 以多罗端郡王载漪之子溥儁承继穆宗毅皇帝为嗣，钦奉旨成性英名，谨当仰遵慈训，封载漪之子溥儁为皇子，以绵统续。

又谕：“明年正月初一（1900 年 1 月 31 日），大高殿、奉发殿、寿皇殿三处着派大阿哥溥儁恭戴为行礼。”（《清德宗实录》）

翌晨，慈禧又以光绪帝的名义颁下谕旨告知天下：

> 朕冲龄入承大统，仰承皇太后垂帘训政，殷勤教诲，巨细无遗。迨亲政后，亟思振奋图治，敬极慈恩。……自上年以来，朕体违和，惟念宗社至重，前已吁恳请太后训政，一年有余，朕躬总未康复。……且入继之初，曾奉皇太后懿旨，俟朕生有皇子，即承继穆宗皇帝为嗣，统系所关，至义重大。……诸病何能望愈，用再叩恳圣慈就近于宗室中，慎简贤良，为穆宗毅皇帝立嗣，以为将来大统畀。再四恳求，始蒙俯允，以多罗端郡王载漪之子溥儁为皇子，将此通谕知之。
>
> （《清德宗实录》）

谕旨下达后，大阿哥溥儁入居青宫，仍辟弘德殿读书，命崇绮（同治帝之皇后阿鲁特氏之父，蒙古正蓝旗人，同治三年一甲一名进士）与徐桐同为大阿哥溥儁师傅。作为与溥儁朝夕相处的授业导师，崇绮对溥儁的评价是："最懒于攻读。"

"己亥建储"步骤清晰、理由充分，然而，又有谁不清楚这是慈禧准备随时取代光绪帝的既定方针。

三　由废帝到立储的转折

光绪帝患"重病"以及立溥儁为大阿哥的消息散播以后，朝野上下种种议论风起，慈禧废帝的企图昭然若揭。保皇的呼声一浪高过一浪，令慈禧应接不暇。而意料之外的两种势力的反对，却使慈禧陷入被动的泥沼。

首先，国内工商人士联名致电慈禧。

光绪二十五年十二月二十四日（1900年1月24日），慈禧决定“立端王载漪之子溥儁为大阿哥”谕旨颁发以后，上海于次日下午获悉。二十六日，诏谕见于日报。于是，上海人情鼎沸，志士云集。上海的电报总办经元善联合上海绅商市民1200余人，立志谏阻慈禧废黜光绪帝之企图与行为，他们以电奏力求保皇：

> 圣上力疾临御，勿存退位之思。上以慰太后之忧勤，下以弭中外之反侧。
>
> （《居易初集》）

经元善，浙江上虞人，生于道光二十年（1840年）。后随父至沪，学习经商理财。光绪四年（1878年），盛宣怀在沪创办电报商局，经元善招股30万两，被委为会办，不久升为总办，管理电报局。经元善主张学习西方，发展工商实业和女学。变法推行期间，他积极支持光绪帝的变法主张。他认为，维新变法，为今日急务，故应“仿效西法”。他相信光绪帝是中国未来发展的希望。所以，当慈禧立嗣以废黜光绪帝目的之谕旨颁发以后，经元善拍案而起。经元善之举在全国引起了极大反响，电奏发出后，全国各地响应，反对立储的通电、公告如雪片般飞向北京。无疑，这给慈禧施加了巨大的社会舆论压力。由此，经元善也得罪了慈禧，他遭到通缉，家产被抄，被迫于二十九日乘英轮南逃澳门。

其次，各在华列强势力反应强烈。

变法失败以后，随之而来的是以慈禧为首的顽固复旧势力全面控制朝局。此时，在华列强势力强烈地感到，慈禧的复旧活动有可能是排斥外国势力的回归。他们担心中国“有可能回复到四十年前排斥外国人的时代”。(《戊戌变法资料》)

出于维护在华侵略利益的需要，在华列强认为或许支持光绪帝建立一个较为开明的政府，对自己在华利益的发展更为有利。于是，他们对光绪帝产生了特别的兴趣。

戊戌政变的发生对于在华的列强来说没有多少思想准备，当时在华势力最强大的英国，尽管在政变前已经预感光绪帝的过激行为可能会引起慈禧势力的反弹，但依然认为:“局势总的看来是平静的，既无理由在这一带水域或长江集中英国舰只，也无必要对舰队作任何特别调动。”政变发生时，各国驻华外交机构的最初反应是突感震惊和手足无措。由于宫廷禁中发生的事情是在迅疾的情形下完成的，因此坊间传闻颇多，在华外国人纷纷推测光绪帝已被慈禧除掉。

时英国驻上海总领事白利南致电英国外交大臣：“清宫政变已发生，光绪死了，西太后当政，新党被打倒了。”(《戊戌变法》)

9月 24 日，英国在华喉舌《字林西报》以“光绪帝之被废黜”为题发表评论，宣称:“据我们所知道，已经没有皇帝了……皇帝已经被毒害。”

十分巧合的是 9 月 25 日清政府又正式宣布了光绪帝病重，命各省迅速荐医进京的上谕。随后，又每隔五天将光绪帝脉案公布一次，在朝野上下营造了光绪帝病危且日甚一日的紧张气氛。这种煞有介事、欲盖弥彰的举动更增添了外界对政变后光绪帝命运的猜忌，在华的各国公使无不认为：慈禧以光绪帝病重为先兆，随后宣布光绪帝宾天，如此之为不过是花样百出的中国宫廷政变之手段罢了。

当获悉光绪帝“患重病”的消息后，他们一再要求觐见，力图摸清光绪帝病情真伪与下落。“驻京各国使臣闻圣躬不豫，均诣总署（总理各国事务衙门）问安，并叩致病之由。”（《戊戌变法资料》）在列强代表不断地追问下，庆亲王奕劻不得不向英国公使窦纳乐郑重承诺：光绪帝依然健在。然而，窦纳乐当场表示，消除他疑虑的最好方式是“请一位外国医生为皇帝看病，并签署一份光绪帝的健康证明书”。

光绪二十四年九月初四日，一位名叫多德福的法国使馆医生，提着自己的药箱，走进了在外国人眼里充满着神奇色彩的紫禁城皇宫大门。多德福此行的意义在中国历史上非比寻常。他不仅仅是以西方医学之代表的身份来为中华帝国的皇帝检查身体，更重要的是此举在中华帝国的历史上是前所未有的。

没有史料记载慈禧为什么会同意西医来给光绪帝诊病，或许慈禧认为光绪帝一直身体虚弱，不怕你瞧不出病来；或许慈禧想借助西医的诊病，来为自己废黜光绪帝的举措增加砝码。但有一点我们可以确认：慈禧同意了这不合常情、完全出乎外交常规的非分要求，也是出自她对外国在华势力的无奈。长期以来，以慈禧为首的清政府防御对付外来侵略的军事活动屡战屡败，外交活动不断受挫，几乎是“畏夷如虎”。因此，明知是非分要求，也不敢表示强硬的抗议。

多德福诊病的结果：病势无大碍，唯患血虚之病。慈禧“看到了国内舆论人情的反抗”，(《戊戌变法资料》）也感受到了列强的强硬态度，此时的慈禧不能不有所顾忌，虽然她依然坚持认为作为清朝最高主宰废立皇帝纯属“家事”，然而对外战争屡战屡败的事实，以及群情激愤的国内舆论的发展，会直接威胁自己的统治权力。宠臣荣禄的担心，也反映了慈禧的隐忧，“顾上罪不明，外国公使将起而干涉，此不可不慎也”。(《崇陵传信录》）于是，慈禧暂且收敛了废帝活动，在幽禁光绪帝的同时，继续利用光绪名号发号施令，以徐图大计。

第九章 庚子之乱中的“旁观者”

一　遮蔽视听的主战

光绪二十六年，即 1900 年，这本是世纪之交年，在新的世纪到来之际，人们都会有对未来的无限憧憬和美好渴望。然而对于光绪帝而言，这一年的到来没有伴随美好与期待，面对纷繁复杂的时局，一种危机四伏的感觉越来越多地袭扰着他：那些来自华北平原被饥饿和绝望驱使着的农民，在义和团旗帜的引领下喧嚣着涌进北京城；紧邻紫禁城的东交民巷使馆区内，外国军队亦以保护使馆为名悄悄开进。

在内外交困的情形下，剿除还是安抚，一时成为朝政中每日探讨的核心问题。作为朝政“资深旁观者”，光绪帝为此夜夜不安，日日忧心。

首先，以大阿哥父亲载漪为中心的保守势力，盲目排外。

自“己亥建储”以后，光绪帝隐隐地察觉到越来越多的朝臣积聚在大阿哥父亲端王载漪麾下，形成举足轻重的朝中权势集团。这实在是光绪帝奈何不得的事情，毕竟载漪是大阿哥的父亲，一旦大阿哥得继大统，载漪便是举足轻重的“太上皇”，不论慈禧是否认同，事实都将如此。也正因为如此，“载漪渐执朝权，自是国势移重东宫”，（陈夔龙《梦蕉亭杂记》）在朝中重臣的推崇下，载漪也愈加飞扬跋扈，时人称：

端邸（载漪）挟贵倚势，盛气凌人，汉大臣中稍有才具者，必遭忌克。

（陈夔龙《梦蕉亭杂记》）

端王载漪在朝中素以排外保守而著称，在其子溥儁被立为储君后，他欣喜异常，也曾希望借助立储与西方改善关系。

史载：立嗣诏书颁下既下立储时他曾命令仆人准备好茶点，以备西方各国驻京使节联袂来贺。可是，其结果令他大失所望，"至夜寂然。初二日载漪又命仆备茶点，至夜又寂然。初三日载漪复命仆备茶点，至夜复寂然"。（《戊壬录》）翘首以盼三天三夜，竟无一个洋人前来祝贺，这让载漪在朝野上下失尽颜面。

自此，载漪便与胆敢无视大清王朝堂堂王爷的西方各国结下怨恨，他不仅痛恨并排斥源于西方的一切事物，而且视在京一切外国人为仇雠，几成不共戴天之势。于是，时人评价道："载漪之排斥外人，非公愤，盖私仇也。"（《西巡回銮始末》）

令人唏嘘不已的是大清王朝举足轻重的王爷竟然勃发奇想，四处打探何处有剑仙侠客，用以延揽、邀请共除洋人。

凡有满汉官员之谒见载漪者，载漪辄谓之曰：'予见中国说部中，恒有剑仙侠客，何至今寂寂无闻？'谒者叩之曰：'汝欲剑仙侠客何用？'答曰：'吾欲用其力以杀尽外国人。'谒者乃笑谓之曰：'世无剑仙侠客久矣，汝将安所求？即求而获之，只杀一二外人，安能将外人尽杀之耶？汝欲杀尽外人，不必求诸剑

仙侠客也，但求诸义和团可耳。’

（《戊壬录》）

发展中的义和团便成为载漪关注的对象。

云集在端王载漪周围的力量，也视洋人及一切与外来文化有关的事物为仇雠。对此，文献多有记载：

徐桐一直以来痛恨洋人，“每见西人，以扇掩面”，（高枏《高枏日记》）他仇视与“洋”有关的一切事物。据载，他最见不得有人带西洋眼镜。时吏部左侍郎，曾被清政府任命为驻法、德、奥、荷4国公使（后改任驻俄、德、奥、荷4国公使）的许景澄戴西洋眼镜，徐桐“出而痛骂曰：许公直是一洋人形状，逢人告说”。（高树《金銮琐记》）

刚毅亦如此，“日言仇洋，见谈洋务者皆斥为汉奸。过金陵，见刘坤一所立之储才学堂，立命闭之”。（李希圣《庚子国变记》）

启秀“亦甚恶电杆铁路”，（黄曾源《义和团事实》）且仇视洋教，当山西巡抚毓贤奏称，将“全省教堂皆焚，教士教民皆杀净”时，启秀高声应和：“办得痛快。”（高枏《高枏日记》）

对于集结在端王载漪身边的保守势力而言，如若能够借助义和团的力量，对外可以消灭洋人，重振国威，正如刚毅所言，“义民可恃，其术甚神，雪耻强中国，在此一举”。（《庚子国变记》）对内则希望能铲除维新派，扶持溥儁登基，实现载漪为天子父、徐桐为天子师、刚毅为中兴臣的梦想。

其次，利用支持义和团力量排斥异己。

义和团，又名义和拳，本为山东、直隶（今河北）一带的民间秘密会社，他们利用设立神坛、画符请神等方法秘密聚众，号称神灵附体、“刀枪不入”。

当载漪及其周围的庄亲王载勋、辅国公载澜、贝勒载濂、协办大学士刚毅、大学士徐桐、礼部尚书启秀等保守派人物获此传闻后，欣喜若狂。

由此，端王载漪成为义和团在京既得利益集团最想援引的力量。

> 六月以来，逢庙铺坛，烧杀日闻，辇毂之下，扰乱至此。虽明诏煌煌，不特团民蔑视无关，即地方官吏亦视若弃髦，是则诏谕直等于官样文章耳。盖一言以蔽之曰，有端邸为之护符也。
>
> （《庚子记事》）

光绪二十六年的春天，义和团的势力开始向京津地区发展。

四月初一日（4 月 29 日），北京街头发现义和团的揭帖，揭露洋人的罪恶。随后，义和团打败驻守易州清军，杀副将杨福同。捣毁直隶霸州教民房屋，杀教民 9 人。

四月二十九日（5 月 27 日），义和团占据直隶涿州城。义和团焚毁京郊琉璃河车站及涿州铁桥，卢保铁路中断。

对于义和团的真实状况，光绪帝如云里雾里，而慈禧亦是不明就里。

对此，以赵舒翘（1847~1901 年，字展如，号琴舫，晚年号慎斋。陕西西安人）为首的官员上奏朝廷，将近期获悉的关于义和团的信息以及应采取的举措向朝廷建议：

义和拳会之兴，是由小民受教民欺压“无处申诉”，若“与寻常会匪一律严办，势必迫而成匪，民气必致大伤，不可不慎”。主张“抚而用之”。

而湖广总督张之洞则持反对意见，在致总理各国事务衙门电文中，称义和团实系会匪，应格杀勿论，保护铁路。

义和团仇恨洋人，一切与“洋”有关的事物，诸如教堂、铁路、电线等都在反对之列，对此慈禧看到了借力的希望；然而，义和团向京津移动，如若不控制不笼络，一旦肆意发展，必将成为打开的潘多拉魔盒，一发而不可收拾。

是剿杀还是安抚，慈禧难以抉择。

五月初九日（6 月 5 日），慈禧太后派赵舒翘、何乃莹前往涿州察看义和团。次日，增派刚毅前往保定，以探究竟。

赵舒翘，同治年间的进士，授刑部主事。此后十年间，先后在刑部任提牢厅主事、直隶司主事等职。据说他“扬历京外，开藩陈臬，并皆卓有政声；而且学间淹通，持躬廉正”。（吴永《庚子西狩丛谈》）在戊戌变法中，赵舒翘由于站队准确，紧跟皇太后，因此深得慈禧宠信，遂入值军机处。

赵舒翘到达涿州后，被眼前的情景惊呆了！此时的涿州俨然成为一个巨大的舞台。城墙之上旗幡招展，城门上高悬义和团“扶清灭洋”的旗帜，城里城外到处涌动头戴红巾、身着红衣的义和团洪流。在这座京畿小城里，处处充满着激情昂扬的青年农民。在这里，饱读诗书、精通律法的赵舒翘欣赏了义和团士兵“神灵附体”、“刀枪不入”的招牌式表演，这些充满生机的义和团士兵，看似呼呼跳跳，犹如天兵下凡般呼风唤雨。在对义和团先入为主的印象中，赵舒翘认为义和团不可恃。因为，在赵舒翘抵达涿州后，颇感义和团团民倨傲不堪，因聂士成军自杨福同被杀后，曾力剿团民，致使团民死伤无算，因此团民要誓死报仇。义和团外在展示与内里的偏执狭隘尽显无遗。

另一位军机大臣、满人刚毅则是狂热的仇洋派，他对义和团的认识与赵舒翘的看法大相径庭，刚毅观看义和团所表演的“神术”，深信不疑，认为众志成城,“请将该团投入军伍，足为国家干城，可将洋人剪而朝食”，并坚持安抚。刚毅由涿州返京后，声称“团民义勇可恃，并带团首晋谒端邸”，于是“端邸信尤深，日与团首计议，以为杀教民、毁教堂，洋人决不甘休，从此将洋人一网打尽，何难之有”。(杨典浩《庚子大事记》)

刚毅对义和团所谓的法术深信不疑，一直被后人所诟病，认为其胸无点墨，文理不通。其实，并非如此。刚毅虽非科举出身，但深受儒家经典的熏陶，忧国忧民，廉洁奉公，堪称循吏。清季轰动一时的浙江余杭“杨乃武与小白菜”案便是由他平反，由此获得朝野上下一致嘉许。

刚毅与赵舒翘交往较深，当刚毅被任命为刑部尚书时，他力荐赵舒翘为左侍郎。正源于此，赵舒翘事事依从刚毅，唯刚马首是瞻，不敢立异。涿州一行，赵舒翘对义和团不可恃的认识是可以向朝廷如实禀报的，因为朝旨命他去查看究竟，就是要探查义和团的真实状态。然而，刚毅一意庇拳，令赵舒翘左右为难。当慈禧问其义和团是否可靠时，赵舒翘只好以并不形象的肢体语言来描绘他的所见所闻，“他只装出拳匪样子，道是两眼如何直视的，面目如何发赤的，手足如何抚弄的，叨叨絮絮，说了一大篇”。吴永在《庚子西狩丛谈》中回忆说，赵舒翘明白义和团不可凭恃，同行的何乃莹代拟了一折。然而他碍于端王和刚毅是义和团的支持者，而他又多得刚毅推举，关系甚好，踌躇再三，还是没有上折。

赵舒翘为了持禄保位，竟然违背自己意旨，阿附刚毅指使回奏，大错铸成，成为八国联军指名欲杀的主战派。如果赵舒翘是一个恪守儒家“奉君忘身、殉国忘家”原则之人，坚持将在涿州所见所闻的真实情状如实陈奏，明白无误陈述义和团不可靠，那么慈禧还会执意向十一国宣战吗?

固然，历史不可假设。但赵舒翘在个人利益与王朝安危之间，无疑选择做了一个彼时对自己有利的决定。然而，古老的中国哲学说，“祸兮福之所倚，福兮祸之所伏”，从此赵舒翘与刚毅连在一起，被时人视作援引义和团入京的朝廷大员，即便李鸿章亦有“刚、赵袒匪”的电奏。一年之后，赵舒翘成为八国联军指名欲杀的主战派。

当八国联军进驻北京后，主战派的处境引人关注。载漪则凭儿子的关系，仅予遣戍处分；刚毅在随鸾“西狩”途中腹泻死去，也逃显戮；徐桐则自缢尽忠。倒霉的便是赵舒翘，在刚毅、徐桐先后死去，赵舒翘竟落得头号主战派，非杀不可。

《辛丑条约》签订以后，赵舒翘正随銮回到故乡西安，乡梓望重，为减少民愤，在李鸿章多次与联军商议下，将赵舒翘改斩决为赐令自尽。因为密室自尽，悄无声息，在西安所引发的负面影响会小一些。

据载，赵舒翘的自尽颇为周折。因为躯干伟岸，体壮如牛，“赐令自尽”最“优待”的办法是吞金，一般妇女吞个金戒指下去便会肠裂而死，但据说赵舒翘竟吞下赤金二两之多而多时不死。监刑官岑春煊因须限时复命急得要命，只好想出一法，用桑皮纸浸透烧酒，将他七窍通通糊住，使他不得呼吸。这样，一代刑律名家才最终“伏法”。

刚毅的态度主导慈禧的判断。考察结束，慈禧便任命载漪管理总理各国事务衙门，并让礼部尚书启秀等“均著在总理各国事务衙门大臣上行走”；随后，慈禧又命“徐桐、崇绮与奕劻、载漪并军机大臣会商一切事宜”。

如此布局，守旧派势力便牢牢掌握了朝中外交和军事大权，成为左右清廷内外政策的重要政治力量。

二　向世界宣战的愚昧

自义和团闹事以来，帝国的政策，如同玩跌跷板，在“剿”和“抚”之间游离徘徊。

这些天来，光绪帝一直被宫外宫内充斥着的乱象所困。

一方面，京城之内的义和团视洋人以及与洋人关联的人和事为仇雠。五月初，京城焚杀之案层见叠出，步军统领崇礼奏报，“两翼地面所属教堂”,“由崇文门内孝顺胡同起火”，并有“各处教堂，陆续起火，延烧多处，情形甚迫，实非人力所能扑救”。(《步军统领崇礼等折》,《义和团档案史料》)

另一方面，朝中对于义和团是“剿”还是“抚”的态度摇摆不定。鉴于京城的严重混乱局面，慈禧派载濂“会同奕劻、载漪、荣禄，督率各该员弁，严拿拳匪”,(《贝勒载濂折》,《义和团档案史料》) 但载濂没有服从这一命令。他在五月十九日（6 月 16 日）奏折中声称，虽然义和团在“辇毂重地”肆意焚杀，实属“骇人听闻”,“然推其发泄太骤之情，端由积怨太深之故”。又说：就大势言之，拳民总宜善抚，不宜遽剿。洋人总宜力拒，不可姑容。剿拳民则失众心，拒洋人则坚众志。人心之所同，即天心之所系，转移之机，即在于此。主张由董福祥将义和团“妥为招抚，练为前队，可以资敌忾而壮军声”，(《贝勒载濂折》,《义和团档案史料》) 也就是“借拳剿洋”。

为免生事端，慈禧接受荣禄的劝告，命令护送东交民巷内的各国在京使侨出京，不得妄加攻杀。荣禄则预先调集旗兵两千，准备将驻京使团与侨民送去直隶总督裕禄处，以免生他变。对荣禄此举，慈禧也表示许可。这些迹象表明，慈禧此时并不是很信任义和团，也未下定决心与西方开战。

五月初九日（6 月 6 日），光绪帝在宫中听到了拳民们在天津落堡车站破坏了京津铁路并与聂士成军开战达两小时的消息。任由义和团的破坏行为继续下去，西方的武力干预必将出现。此时，慈禧心腹荣禄连上七书，核心内容：不管拳民是良是莠，他们的行为将导致外国的武装干涉，这比拳乱还要危险。光绪帝十分赞同荣禄对时局的分析与判断。

也就在是在义和团攻下天津落堡车站这天，慈禧召见了军机大臣和清朝王公。

帝国的最高权力核心层为“剿”或“抚”争论不休。

以端郡王载漪为首的近支王公和刚毅、徐桐、崇绮、启秀等人极力呼吁慈禧承认义和团，提议凭借义和团神兵们把洋鬼子赶出中国。他们无不义正词严，慷慨激昂，对于持有异议者，便谓之“通夷”。他们以爱国的最高名义绑架了所有客观分析者的见解，因为里通外国，出卖国家，这个罪名历来都是打击政敌最有效的手段。翰林院侍讲学士朱祖谋在随后的奏折里明白指出：

> 今廷臣持论，约有两端，均非弥患之道。一则谓该匪声势已大，宜一律痛剿，以除内乱。此未免不分良莠，殊失我国家子惠元元之意。一则认该匪为义民，欲倚以剿灭洋人。此论虽出血诚，召乱尤速。
>
> （《义和团档案史料续编》）

京城，风沙弥漫的春天已经过去，北方初夏中特有的翠色欲滴的嫩绿点缀着古老帝都的沉重色调，空气中尚遗留着槐花的香味。习惯了安静清新的光绪帝却在这个初夏里感受不到一丝的惬意，宫里宫外弥漫着鲁莽与躁动甚而血腥。

近几天常有消息传到光绪帝的耳中，诸如端郡王的王府成了义和团北京总部，府邸大门口香烟缭绕，念咒声，附休声，声声入耳；头戴红巾的拳民扛着大刀、长矛，进入北京，董福祥的甘军和载漪的虎神营都没有阻拦；京城铁铺日夜打造刀剑，生意红火异常，大刀长矛的价格疯长等。

更令光绪帝担心的是，五月十三日（6月10日），驻守杨村的聂士成发现忽有洋兵千余，随带快炮材料等，由车直赴北京。还未来得及诘质，旋接铁路局复电，专车装洋兵入都，此时聂士成部被夹在义和团和联军之间，在军事上处于极为不利的地位。

五月十八日（6月15日），北京的义和团们开始攻击教堂和使馆。次日，义和团向天主教北方教区总堂西什库大教堂发起了进攻。也是在这一天，义和团焚烧前门外大栅栏老德记大药房时，由于首领施法不灵验，没能控制火势，大火殃及约一千余民宅和大批商铺，大栅栏一带数百年的商业精华毁于大火。

就在这天，光绪帝终于等来了慈禧决定商议目前乱局的御前会议，近百高官参加了这次会议。

戊戌变法后，一直以“资深旁观者”身份出现在朝政中的光绪帝，再也按捺不住急迫的心情，他首先提出了义和团的问题。对此，仇洋派和主和派再次展开了激烈辩论。争吵正酣时，慈禧突然发话：“法术不可恃，岂人心亦不足恃乎？今日中国积弱已极，所仗者人心耳，若并人心而失之，何以立国？”

光绪帝在慈禧的话语间感受到了她“用拳抗洋”之用心已十分明确，但是“和”还是“战”，尚在两难间。嗣后，光绪帝在慈禧给刚毅等人懿旨“究竟该拳民临敌结仗，有无把握，世铎等须严加察验，谋定后动”中察觉出慈禧尚存狐疑的心境。

然而，第二天一切都急转直下，在第二次御前会议上，慈禧却抛出了一份所谓的洋人照会。据恽毓鼎《崇陵传信录》记载，慈禧所抛出的洋人照会，共计有四条：第一，指明一地，令中国皇帝居住；第二，代收各省钱粮；第三，代掌天下兵权；第四，勒令皇太后归政。

“洋人照会”是整个庚子事变里最扑朔迷离的事件。照会是真是假？甚至御前会议上有没有出现过这么一份照会，都没有确定无疑的史料证据。

不少学者们认为，照会里的每一条都足以导致战争，这样一份照会，应该出自端郡王之手，因为他太急于让儿子坐上龙椅了。

光绪帝知道这份莫名其妙的洋人照会将会给慈禧的心境带来怎样的影响，据太监和宫女们说太后哭了。因为，从戊戌政变以后，她就一直恐惧并防范着洋人随时夺走她的权力，在两件事情上，让慈禧对洋人耿耿于怀。

第一件事，列强保护和帮助被通缉的维新人士。

戊戌变法后，慈禧下令搜捕康有为，可康有为在英国人濮兰德的帮助下，成功地从烟台开往上海的“重庆号”上脱险，并在濮兰德的带领下，登上停泊在吴淞口外的英国轮船公司的“瑟理瑞”轮，逃往香港，最后转道日本。这使得慈禧悬赏缉拿康有为的计划落空。慈禧怒气难消。

第二件事，慈禧废帝计划受到列强的干预。

在立大阿哥的事件上，慈禧希望能够赢得在华列强的支持或默许。在册封大阿哥的仪式上，她遍邀各国公使，却无一出席。慈禧也曾邀请各国公使赴宴，趁夫人们兴致正高时，不失时机地提出了立大阿哥的想法，企图有所收获。但令她意想不到的是，公使夫人就如同设立了攻守同盟一样，没有一个人发表意见，这使慈禧颜面扫地，并由此对洋人恼羞成怒。

此时，对于慈禧而言，有机会报复洋人不能不说是她盘结于心的愿望。在此次御前会议上，慈禧开首便说：

“现在洋人已决计与我宣战。明知众寡不敌，但战亦亡，不战亦亡。同一灭亡，若不战而亡，未免太对不起列祖列宗。”

随后，慈禧做出部署：宣布把洋人驱逐出京，在二十四小时内执行；许景澄奉命去使馆转达帝国政府的命令。

据恽毓鼎记载，内阁学士、礼部侍郎联元坚决反对围攻使馆，“断无结怨十一国之理，果若是，国危矣”。

此时，光绪帝突然从座位上站起走下来，他走到即将去使馆宣战的许景澄面前，拉着他的手，问是否有回图余地。孱弱的光绪帝泪光闪闪，许景澄也不由地眼眶湿润。君臣挥泪默默相对。

光绪二十六年五月二十五日（1900 年 6 月 21 日），慈禧以光绪帝的名义发布了宣战诏书：

“朕今泣涕以告先庙，慷慨以誓师徒，与其苟且图存，贻羞万古，孰若大张挞伐，一决雌雄。连日召见臣工，询谋佥同；近畿、山东等省，义兵同日不期而集者，不下数十万人，下至五尺童子，亦能执戈以卫社稷。彼尚诈谋，我恃天理；彼凭悍力，我恃人心。

无论我国忠信甲胄，礼义干橹，人人敢死，即土地广有二十二省，人民多至四百余兆，何难剪彼凶焰，张国之威。”

宣战书文字激昂悲壮，今日读之，亦颇多鼓舞。然而，令人痛惜的是，作为中国当时最高的统治者，慈禧不谙世界大势，一任感情冲动，孤注一掷，向列强宣战，铸成千古遗恨。

今天，当我们抚思这段历史时，我们无从知晓光绪帝通读以自己名义而发的宣战诏书时，该是一个怎样的心境，是无奈还是懊恼，或许两者都有，甚而更加复杂。

三 无力拯救珍妃的苦痛

刚毅等人所称的义和团所谓的天兵天将，并没有成功地阻击八国联军的进攻，相反，却引狼入室，致使八国联军长驱直入，六月十八日（7 月 14 日）攻陷天津；七月二十日（8 月 14 日），兵临北京城下，英军率先破城。光绪帝知道此时慈禧是一个输光的赌徒，只剩下仓皇逃跑一条路。可谁来收拾北京的残局对自己最有利呢？据说，光绪帝曾向慈禧请求留在北京，准备“亲往东交民巷向各国使臣面谈”，(《德宗遗事》）以求议和。慈禧坚决不同意。没有史料说明光绪帝此刻要求留下议和有什么其他的目的。但是，依据光绪帝的当朝皇帝的身份及被慈禧幽禁的处境而推测，他请求留下应有这样的想法：力图在议和中尽量减轻国家的损失；乘机摆脱慈禧的控制，寻求执政的机会。

然而，谙熟政治权术的慈禧当即意识到“帝留之不为己利”，

(《崇陵传信录》) 慈禧不会给予光绪帝任何独立发展的机会。于是，慈禧断然拒绝了光绪帝的要求，决意将光绪帝带走。

光绪二十六年七月二十日（1900年8月14日），正是北京的盛夏时节，这天下午天气格外闷热。据慈禧的宫女何荣儿回忆：这几天，宫中的气氛十分怪异，作为宫女，“在宫里头我们只知道脚尖前的一点事情，其他大事丝毫也不知道。老太后（慈禧）有好多天不到园子（颐和园）里去了，和往日不大一样。到二十日前两三天，听小太监告诉我们，得力的太监在顺贞门里，御花园两边都扛着枪戒备起来了。问为什么，谁也不说。我们也风闻外头闹二毛子（教民），但谁也不清楚是怎么回事。小娟子暗地里嘱咐我，这几天要格外留神，看老太后整天板着脸，一丝笑容也没有，嘴角向左边歪得更厉害了，这是心里头憋着气的象征，不定几时爆炸。当侍女的，都提心吊胆，小心侍候，免得碰到点子上自找倒霉”。(《宫女谈往录》)

从慈禧贴身宫女的回忆中，我们不难看出，在七月二十日前后，宫里表面依然宁静如水，实际上一场巨大的波澜即将掀起。为什么这样说呢？因为：

一是，顺贞门里，御花园两边，连太监们都扛着枪戒备起来。清朝的宫廷禁卫制度十分森严，为了确保皇帝的人身安全，不仅在建筑上以紫禁城、皇城、内城和外城共同构筑了道道防御体系，而且还布设了数量庞大的禁卫军队，主要有侍卫处、护军营、前锋营、内务府三旗包衣各营和神机营等警卫机构，以保证皇宫的绝对安全。可是如此戍卫森严的皇家禁地，居然在一瞬间，连宫中的奴才太监们也荷枪实弹。这种武装到牙齿的防卫，确实显现了宫中上下由某一件事情所引发的一种紧张、恐怖的气氛。

二是，慈禧的表情异常严肃。熟悉她的宫女都知道这是慈禧憋着气的象征。在光绪二十年，慈禧惩罚珍妃的时候，宫女们曾经见过这样的表情，为此不仅珍妃惨遭羞辱，饱受皮肉之苦，而且殃及身边的太监，使得他们非死即伤；光绪二十四年，慈禧发动戊戌政变，幽禁光绪帝、将珍妃再次“褫衣廷仗”并打入冷宫的时候，她们也见过这一表情。正所谓“城门失火，殃及池鱼”，光绪帝、珍妃受惩罚的同时，他们身边的太监们，也难以幸免。宫女们依然清晰记得那令人毛骨悚然的血腥惩罚：

> 内殿太监杨瑞珍、杨长文，内殿司房太监张得名及珍妃下太监戴恩如……着交内务府大臣即日板责处死。
>
> 内殿小太监苑长春着革去顶带，内殿司房太监张源荣、王吉祥、徐源寿，珍妃下太监孙海成……着交内务府慎刑司重责二百板，永远枷号。
>
> 珍妃下太监张田祥、卢田庆、李玉盛、苑福友、张长瑞……慎刑司板责一百，枷号二年，年满请旨。
>
> （《内务府来文：人事》）

除了四名太监必须要毙命杖下，另十名太监也必须要经受板责二百、一百不等，那将是怎样的血肉横飞！不仅如此，他们还要接受“永远枷号”、“枷号二年”的刑罚。按《大清律》规定，枷号分两种,“寻常枷号重二十五斤。重枷重三十五斤。枷面各长二尺五寸，阔二尺四寸”。

戴着这样的刑具了却残生，那是一种怎样的生不如死的折磨呀!

宫女们不敢设想，她们心里清楚，对于大清王朝不可一世的主宰慈禧而言，她的动怒意味着多少人将要付出血的代价。因此，宫女们再次见到慈禧有如此的表情，那种本能的恐惧应该是正常的心理反应，终日“提心吊胆，小心侍候”应是宫女们此时心情的实录。可现在，慈禧又为什么而憋着气呢?宫女和太监们都暗自揣测，又有谁会因为慈禧这阴郁的表情而再次付出代价?

这个人就是戊戌变法后被打入冷宫的珍妃。这是光绪帝无从想到的。

据说，戊戌政变后，慈禧再次将珍妃施以廷杖，撤去簪环，将她囚禁于钟粹宫后的北三所，并给她立下一个规矩：再不许进见皇上。(《清史纪事本末》)而且，慈禧还责令所有太监，今后不准为珍妃传递事件，如有违者,“查出即行正法，决不姑容”。(《内务府杂件》)

依据《宫女谈往录》中宫女的回忆：关押珍妃的北三所是后宫一个单独的院落。

珍妃被关押在北三所最西边的屋子里。屋门由外反锁，有一扇窗是活的，洗漱、吃饭都由窗户递进去，不许同下人交谈。每日吃的是下等人的饭食，一天有两次倒马桶。由慈禧派去两个亲信太监轮流监视。最苦的是遇到节日、忌日、初一、十五，老太监还要奉慈禧的懿旨去申斥，就是由老太监代表慈禧，列数珍妃的罪过，指着鼻子、脸申斥，让珍妃跪在地下敬听，指定申斥是在吃午饭的时间举行。申斥完了以后，珍妃必须向上叩首谢恩。这是最严厉的家法了。别人都在愉快地过节日，而她却在受折磨。试想，在吃饭以前，跪着听完申斥，还要磕头谢恩，该是一种什么样的心情？

对于珍妃来说，或许下人的饭食可以忍受；被太监申斥可以静听；没有自由还可以等待。然而，最令她难以忍受的是她被迫离开了光绪帝，一对恩爱夫妻被慈禧生生分开，不知何时才能再次相聚。长夜难眠，只有无尽的思念萦绕于心。在爱新觉罗·溥佐《珍妃的冷宫生活》中记载：在个别同情光绪帝的太监帮助下，光绪帝曾经在月夜偷偷跑到囚禁珍妃的地方。夫妻两人隔着被锁的门窗，各自抒发思念之情。姑且不论《珍妃的冷宫生活》中这一记载是否属实，但有一点我们可以坚信：他们一定在孤独、寂寞中，心怀夫妻早日相聚的美好梦想，在漫漫的长夜中静静等待。

然而，意想不到的是光绪帝与珍妃竟然在八国联军兵临城下之时永诀。七月二十日的这个下午，珍妃死于景运门外的井中。

关于珍妃的死，说法不一，主要的有以下三种：

第一种，李莲英杀死说。

主要见于黄鸿寿《清史纪事本末》等史料，慈禧在出逃临行前，“命李莲英推妃于宁寿宫外之大井”中致死。

第二种，珍妃自投井说。

见于《慈禧轶事》等资料，慈禧西逃前，珍妃见与皇帝一同出逃无望，而独自留在京城“恐被辱，即投井死”。

第三种，崔玉贵杀死说。

见于《清宫遗闻》等多种史料。“太后御夏衣，挽便髻；上御青绸衫。皇后、大阿哥随行，妃嫔罕从者。濒行，太后命崔阉自三所（景运门外）出珍妃，推坠井中。”

我个人比较同意第三种说法，原因是：

一，崔玉贵是慈禧的亲信太监。崔玉贵是太监的二总管，据说是慈禧的弟弟桂祥的干儿子，也就是光绪帝皇后的干兄弟，因此在宫中非常得势，颇得慈禧的信任。慈禧西逃之前，命令自己的亲信太监害死珍妃，在情理之中。

二，慈禧回銮后将崔玉贵赶出宫。慈禧回銮后，为了平息事态，也为了给洋人作秀，宣称：“当时并没有把珍妃推到井里的心，只是在气头上说：不听话就把她扔到井里去。是崔玉贵逞能硬把珍妃扔下去的！”（《宫女谈往录》）与此同时，也将崔赶出宫。

在《宫女谈往录》中，记载了崔玉贵杀死珍妃的过程，节录于下：

> 七月二十日那天中午……老太后吩咐我，说要在未正时刻召见珍妃，让她在颐和轩候驾，派我去传旨。……珍妃在接旨以前，是不愿意蓬头垢面见我们的，必须给她留下一段梳理工夫。由东北三所出来，经一段路才能到颐和轩。我在前边引路，王德环在后边伺候。我们伺候主子向例不许走甬路中间，一前一后在甬路旁边走。小主一个人走在甬路中间，一张清水脸儿，头上两把头摘去了两边的络子，淡青色的绸子长旗袍，

脚底下是普通的墨绿色的缎鞋，这是一副戴罪的妃嫔的装束。她始终一言不发，大概她也很清楚，等待她的不会是什么幸运的事。

到了颐和轩，老太后已经端坐在那里了。我进前请跪安复旨，说珍小主奉旨到。我用眼一瞧，颐和轩里一个侍女也没有，空落落的只有老太后一个人坐在那里，我很奇怪。珍小主进前叩头，道吉祥，完了，就一直跪在地下，低头听训。这时屋子静得掉地下一根针都能听得清楚。

老太后直截了当地说："洋人要打进城里来了。外头乱糟糟，谁也保不定怎么样，万一受到了污辱，那就丢尽了皇家的脸，也对不起列祖列宗，你应当明白。"话说得很坚决。老太后下巴扬着，眼连瞧也不瞧珍妃，静等回话。

珍妃愣了一下说："我明白，不会给祖宗丢人。"

太后说："你年轻，容易惹事！我们要避一避，带你走不方便。"

珍妃说："您可以避一避，可以留皇上坐镇京师，维持大局。"

就这几句话戳了老太后的心窝子了，老太后马上把脸一翻，大声呵斥说："你死在临头，还敢胡说。"

珍妃说："我没有应死的罪！"

老太后说："不管你有罪没罪，也得死！"

珍妃说："我要见皇上一面。皇上没让我死！"

太后说："皇上也救不了你。把她扔到井里头去。来人哪！"

就这样，我和王德环一起连揪带推，把珍妃推到贞顺门内的井里。珍妃自始至终嚷着要见皇上！最后大声喊：“皇上，来世再报恩啦！”

我敢说，这是老太后深思熟虑要除掉珍妃，并不是在逃跑前，心慌意乱，匆匆忙忙，一生气，下令把她推下井的。

光绪二十七年十二月，光绪帝与慈禧回銮后，方派人从井中打捞起珍妃的尸体，并进行安葬。慈禧以“随扈不及，殉难宫中”为由，追赠珍妃为皇贵妃。若珍妃地下有知，会作何感想呢？

四 “西狩”名下的仓惶出逃

光绪二十六年七月二十日（1900 年 8 月 14 日）八国联军攻入北京。这是继第二次鸦片战争英法联军攻下北京后，西方列强再次以武力强占的方式进入帝国的京城。同样是举宫出逃，所不同的是四十年前逃向京畿附近的承德，而四十年后逃向千里之外的西安。

二十一日凌晨，在八国联军的枪炮声中，慈禧偕同光绪帝及臣下慌慌张张地经由德胜门逃离北京，一路极其狼狈。为了加快逃跑速度，既不能多带东西，也不敢打出两宫“出巡”的旗子，更没有多少侍从和军队，唯恐队伍过于庞大，引来八国联军的追赶。这些养尊处优饱食终日的皇族亲贵，要车没车，要吃没吃，要穿没穿，一路落荒而逃。真可谓“漫漫雾蒙天变色，潸潸泪下地无声”，随同出逃的军机大臣王文韶在家书中谈及慈禧、光绪帝西逃情形时有如下描写：

> 两宫自京启跸情形，所谓天子蒙尘，从古稀有之惨，可痛已极。
>
> 太后身穿粗蓝夏布衫，亦不梳头。皇上穿黑纱长衫，黑带，灰色战裙两条，铺盖行李，一概未带。出京三日，均睡火炕，无被褥，无替换衣服，亦无饭吃，吃小米粥。
>
> （王文韶《庚子两宫蒙尘纪实》）

光绪帝出生在醇亲王府，虽说五岁离开父母进入宫中，由太监伴随长大，少有父母精心呵护与关爱，但他毕竟是大清王朝皇帝，即使在戊戌变法之后被软禁于瀛台，他也是衣食无忧。然而，在出逃的时日里，光绪帝感受到了前所未有过的饥寒交迫。据吴永记载，慈禧曾对他说：

> 我总是当家负责的人，现在闹到如此，总是我的错头，上对不起祖宗，下对不起人民。满腔心思，更向何处诉说？
>
> （《庚子西狩丛谈》）

这是懊丧——对自己在义和团问题上决策失败的懊丧；这是忏悔——对自己向十一国盲目宣战所带来的灾难的忏悔。光绪二十六年七月二十一日（1900 年 8 月 15 日）凌晨，慈禧以西狩的名义逃出皇宫。如果说三十年前，咸丰帝率领群臣以狩猎的名义一路向东逃向承德，那么三十年后的慈禧以惊人的相似逃出宫，只不过此时的她是一路向西。至九月初四日（10 月 26 日）到达西安，在直隶、山西、陕西逃亡途中，共计有七十三天。在此期间，光绪帝感受到了冷漠寡情决绝的“皇阿玛”身上的一些变化。

首先，在逃亡途中直面民众的苦难，使慈禧倍感愧疚。

十七岁进宫的慈禧，一路走来饱食终日，她一直为自己所执守的权力而不懈地斗争着，似战士更似阴谋家，在她的脑海里，民众更多的是抽象概念，而非活生生的现实。

这一段西逃历程，让慈禧有机会直接接触到下层民众。其生活的真实情景，促动了慈禧内心的愧疚之情。据《慈禧外纪》载：

> 太后由京往西安，及由西安回銮，见沿路农民贫苦之状，甚为悯念，特发银以赈之，其数甚巨，并告皇帝曰：“前在宫中，不知小民之苦也。”

西逃途中的所见所闻，对于慈禧产生了一定影响，吴永亦曾追述说：

> 余之陪銮也，往往不次召对，每陈民间疾苦，及闾阎凋敝情状，慈圣辄为嗟叹。
>
> （《庚子西狩丛谈》）

虽然“甚为悯念”，只是“见沿路农民贫苦之状”后产生的，虽然“嗟叹”只能在有人“陈民间疾苦”时才会发生。然而，这却使慈禧能够在一定程度上知晓民间疾苦，进而产生对民众生活的关注，无疑是出逃之苦的正效应。

西狩期间适逢山陕大旱，秋成大半无收，灾区广布，以致“粮价昂贵异常，小民流离转徙，困苦情形，殊堪悯恻”。(中国史学会主编《义和团》) 由于灾民数额巨大，政府虽然在交通要道开设粥厂，也难以缓解灾民的苦痛。为此，慈禧特下懿旨，拨发白银40万两，交予巡抚岑春煊，“妥为赈济”。继而，又命令两江总督刘坤一将江苏所留存海运漕粮运往陕西。(《清德宗实录》)

其次，对光绪帝萌生了一些羞愧难掩的情绪。

举宫出逃，颠沛流离。在七十三天的“西狩”途中，光绪帝逐渐感觉到了自戊戌政变以来慈禧对自己鲜有的温情。

光绪帝与慈禧伴随着八国联军的枪炮之声逃出京城，狼狈不堪，颇多凶险。据同行人记载，车出居庸关时，光绪帝坐在车内，慈禧坐于车外。突然弹飞如雨，光绪帝请慈禧入内躲避，自己坐到车外，慈禧坚决不许，曰：“皇帝系宗社所重，余老矣，无妨。”(中国史学会《义和团》)

一句“余老矣，无妨”颇有危难之际母亲本能回护子女的挺身而出。今日，我们难以考证此条史料的真实性，然而从西狩途中慈禧待光绪帝的种种变化，不难看出记载的合理性。

一日，光绪帝与慈禧连续奔波，疾苦难当，慈禧曾向臣下描述过说：

> 连日奔走，又不得饮食，既冷且饿。途中口渴，命太监取水，有井矣而无汲器，或井内存有人头，不得已，采秫秕秆与皇帝共嚼，略得浆汁，即以解渴。昨夜我与皇帝仅得一板凳，相与贴背共坐，仰望达旦，晓间寒气凛冽，森森入毛发，殊不可耐。
>
> （中国史学会《义和团》）

“相遇贴背共坐”的无奈，不能不说弱化了慈禧昔日对光绪帝几近不共戴天的恨。或许这份逃亡的悲苦，促使了慈禧的反省。

一些史料的记载，也证实了慈禧确有不时感到有愧于光绪帝的情绪表达。具体表现为慈禧对光绪帝的防范与约束有所松动：

“上视在京日稍发舒矣。”（恽毓鼎《崇陵传信录》）

“西后自出险，恒语伺臣云：‘吾不意乃为帝笑。’至太原，帝稍发舒。”（中国史学会《义和团》）

“在西安时，皇帝时或参预国事，较在京时稍为自由。此戊戌后之所无者。”（濮兰德与白克浩司《慈禧外纪》）

正缘于此，偶尔也会出现光绪帝在慈禧面前申斥臣下的情况，令慈禧无可奈何。

> 一日，召载漪、刚毅痛呵，欲正其罪。西后云：“我先发，敌将更要其重者。”帝曰：“论国法，彼罪不赦，乌论敌如何？”漪等额亟稽。时王文韶同入，西后曰：“王文韶老臣，更事久，

且帝所信，尔谓如何?”文韶知旨，婉解之。帝退，犹闻咨嗟声。漪等出，步犹栗栗也。未几，刚毅恚而死。

(左舜生《中国近百年史资料初编》)

昔日，载漪与刚毅在慈禧的庇护下，待光绪帝是何等的蔑视与猖狂，甚而亦有弑杀之意。慈禧对外宣战后，一日，载漪等率领义和团兵勇闯入大内，在殿外高声叫骂光绪帝为“二毛子”，颇有弑君之意。若不是慈禧大怒,“将载漪等罚俸一年，团目正法”，(《义和团》)很难推测在乱局中光绪帝的命运将如何。或许，正是因为西狩后“西太后当时就是对于光绪帝，也现出一种羞愧不能掩盖的样子”，(李剑农《中国近百年政治史》)才使得唯诺于慈禧淫威下的光绪帝，有痛斥载漪和刚毅的可能；才使得光绪帝发威时慈禧又不便回护情况下，载漪等人“步犹栗栗”。

对此，胡思敬曾记载“庚子西巡以后，孝钦深自引咎，内惭其子”。(胡思敬《退庐全集·审国病书》)慈禧的这份引咎、这份内惭，应是此间真实心态的流露与合理情绪的表达。

第十章　光绪宾天之谜案

一　最后的读书岁月

光绪二十七年（1901年），慈禧与光绪帝回銮。

在西安的时候，慈禧便告知天下：朝廷寻求新政。回銮之后，在慈禧的主持下，新政的推行日渐深入。

而光绪帝依旧每日上朝听取朝野上下的各项举措的制定与实施；依旧在慈禧面前默默无语。或许他已习惯了自幼便开始的伴随慈禧日日“坐朝”；或许他在等待时机，等待着天遂人愿的那一天。

被幽禁于瀛台的生活是孤独、寂寞和乏味的，光绪帝每天早朝后回到瀛台，只有三件事可做：吃饭、读书及睡觉。据记载，在幽禁的十年中，他读了大量的书。

首先，光绪帝继续学习英语。

光绪帝学习英语开始于光绪十六年（1891年）。

在师傅翁同龢的引导下，光绪帝阅读书目范围很广。为了能“欲通泰西字义”，(翁同龢《翁同龢日记》）以了解世界政治与文化，光绪帝决定学习英语。给皇帝挑选英文老师，朝廷格外重视。时任京师同文馆总教习的丁韪良向光绪帝推荐了张德彝和沈铎。

张德彝是同文馆的首届学员，曾受教于丁韪良。由于成绩优秀，十九岁被清政府选派参加留洋考察，此次赴洋考察是中国第一次，他是最早跟随赫德赴欧洲游历的三位同文馆学生之一。光绪二年（1876年），郭嵩泰出使英国时，由于英语讲说流利，被正式任命为翻译官。张德彝先后八次出国，累计在国外生活二十七年，做光绪帝的英语教师最为合适。

光绪帝每天清晨 4 点开始学习半个小时的英语，鲜有间断，虽然贵为皇帝，对英文师傅却比较尊重，每每有大臣跪见时，允许两位英语教师仍然可以就坐。光绪帝英语学习十分认真，翁同龢曾称赞“上于西文极用意也”。(翁同龢《翁同龢日记》)

英语学习一直持续到光绪二十年（1894 年），慈禧下令将“满功课及洋字均撤”。虽然正式的英语课程已经中止，但光绪帝仍然学习英文。对此，德龄在《清宫二年记》中这样回忆道：

> 我每天早上碰见光绪皇帝。他常常趁我空闲的时候，问我些英文字。我很惊奇他知道的字这样多，我觉得他非常有趣，两眼奕奕有神。他在中国实在是一个又聪明又有见识的人，他是一个出色的外交人才，有极丰富的脑力，可惜没有机会让他发挥他的才能。他告诉我他书读得不多，但是他生来喜欢读书，他也很信任我，常常把他的困难和痛苦告诉我。我们常常谈到西方文明，我很惊异他对每一件事物都懂得那样透彻。他屡次告诉我他对自己国家的抱负，希望中国幸福。

光绪三十一年（1905 年），德龄父亲病重，因此她离开宫廷陪父去上海就医。临行前与光绪帝道别时，光绪帝用英语祝她幸福的同时，又充满遗憾地对德龄表达了他对自己现状的无奈之情：

> 我没有机会把我的意思宣布于外，或有所作为，所以外间

都不大知道我，我不过是替人作（做）样子的。后来再有外人问你，只告诉他我现在所处地位实在的情形。我有意振兴中国，但你知道我不能作（做）主，不能如我的志。

（德龄《清宫二年记》）

据澳大利亚华裔历史学者叶晓青女士在中国第一历史档案馆里发现的一份光绪皇帝向内务府索要的购书单（1907年和1908年），其中就有英文书籍《华英音韵字典集成》、《英华大辞典》和《华英进阶全集》,(叶晓青《光绪帝最后的阅读书目》）这些读本或工具书都是当时学习英语的精品之作。

其次，光绪大量阅读西方各国宪政改革的书籍。

据内务府档案披露，光绪在此期间索要的书籍大多是关于历史、地理和宪政方面的著作。依据叶晓青女士《光绪帝最后的阅读书目》一文，将光绪皇帝最后两年的读书情况整理如下：

光绪三十三年十二月二十六日（1908年1月29日），光绪帝朱笔列出近四十种书目向内务府提交，分别是：

政治官报局刊印各书：《日本宪法说明书》、《日本统计释例》、《日本宪政略论》、《译书提要》、《驻奥使馆报告书》。

商务印书馆新印各书：《孟德斯鸿法意》、《政治讲义》、《法学通论》、《比较国法学》、《政治学》、《国法学》、《民法原论》、《政治泛论》、《宪政论》、《行政法泛论》、《日本预备立宪》、《国债论》、《警察讲义录》、《日本警察讲义录》、《日本警察法述义》、《自治论幕》、《宪法研究书》、《日本监狱法详解》、《万国国力比较》、《政治一般》、《列国政治异同考》、《欧洲最近政治史》、《欧洲新政史》、《欧洲财政史》、《经济通论》、《理财新义》、《日本法制要旨》、《日俄战纪》、《最新战法学》、《德国学校制度》、《各国宪法大纲》、《英国宪法论》、《万国舆图》、《欧美政教纪原》。

光绪帝所订之书，数量庞大，内容多样，而这时仅距他去世半年之遥。从光绪后期的阅读书目看，大多是和立宪有关，由此推断，此时他对正在推进中的清末新政寄予希望。

二　光绪死亡之是是非非

光绪三十四年（1908 年）似乎是一个普通得不能再普通的年分，因为这一年没有列强陈兵海上的危机，没有边境狼烟四起的紧迫，也没有割地赔款的屈辱。对于跌宕起伏灾难不断的晚清历史来说，没有战争，没有赔款便是“天下太平”之年的最好表征了。然而，把观察、分析与传播宫闱秘事视为头等娱乐新闻的人们，在这一年春天似乎又捕捉到了新的话题——光绪帝的健康，于是在酒肆、在茶楼、在坊间种种关于光绪帝病症的揣测不胫而走：人们从军机处不断下发文件以遍求天下名医为皇帝治病来推测，光绪帝是否已沉疴难返；又从嗣后军机处电告各地迅速提供上等名药的信息中揣摩，久病缠身的光绪帝大限几何。继而，人们又翻出了光绪帝与慈禧之间家事、政争的陈年旧账，推断当政的慈禧为光绪帝“治病”的心态以及一旦光绪帝不治而亡，皇位……

深秋，传播了近半年的关乎光绪帝健康话题并没有随着萧瑟的秋风而渐渐沉寂，十月十六日（11月9日），《申报》的一条报道，又将光绪帝推上了“新闻”头条，印证了人们一直以来的担忧：“皇上胃不和，畏饮食，大便积八日，步履益艰，仍力疾批折，内务府各大臣镇日在内。……枢垣昨又致电江督，催令各御医迅速来京。”在短短的报道中，证实了光绪帝病重的事实，更在“催令各御医迅速来京”的字里行间感受到了为光绪帝治病的紧迫。于是，人们紧缩着心，期待着能在报纸上看到关于大清皇帝病情的更多更详细的报道。

五天后，也就是十月二十一日晚间，终于有消息从宫中传出，酉时（下午5时至7时），即1908年11月14日晚间6时30分左右，光绪帝死于瀛台。当人们还来不及对在孤独与痛苦中走完三十八岁人生的传奇皇帝表现出同情的时候，另一条更为令人震惊的消息再次从宫中传出，十月二十二日未时（下午1时至3时），慈禧在中南海仪鸾殿亦撒手人寰。大清朝在位皇帝与掌握近代中国近半个世纪的真正统治者慈禧，在不到二十四小时的时间里相继去世，不能不引起人们对这对母子死亡时间如此巧合的背后原因产生种种猜测和议论，加之光绪帝与慈禧之间的政治矛盾与由此引发的政见分歧和冲突，更加使人觉得在光绪帝、慈禧相继去世的背后隐藏着惊天阴谋。于是，在宫禁森严、皇家之事秘不外宣的时代里，光绪帝与慈禧接踵而亡的消息以及围绕着光绪帝死因的种种议论，在雅室高堂、乡间里坊迅速传播，一时间很多内容成为时人笔记与野史的核心内容。

对于光绪帝的死因说法很多，归纳起来，主要有以下三种：

第一种，袁世凯进药毒死说。

溥仪在《我的前半生》中回忆道:“我还听见一个叫李长安的老太监说起光绪之死的疑案。照他说，光绪在死之前一天还是好好的，只是因为用了一剂药就坏了，后来才知道这剂药是袁世凯叫人送来的。”由此，袁世凯进药毒死光绪帝的说法便成为诸多猜测中的一种。

第二种，慈禧阴谋害死说。

主要见于《清室外记》、《清稗类钞》和《崇陵传信录》。认为慈禧在病重期间，担忧自己死后光绪帝重新掌权并继续推行变法，于己不利,“时太后泄泻数日矣。有谮上者，谓帝闻太后病，有喜色。太后怒曰:‘我不能先尔死!’”所以指使亲信太监李莲英下毒手，把光绪帝害死。有鉴于慈禧与光绪帝之间的矛盾关系，以及人们对心目中慈禧先入为主的判断，这一猜测是在光绪帝与慈禧死后一百多年来人们最为坚信的死因。

第三种，正常病死说。

主要见于正史，如《清德宗实录》、《光绪朝东华录》、《清史稿·德宗本纪》等。私人记述中也有持此观点的。如，在光绪三十三年受浙江巡抚冯星岩的举荐，来京为光绪帝诊病的名医杜钟骏，在后来所著《德宗请脉记》一书中，记载了他为光绪帝诊病经过以及光绪临终前的病状，他在书中认为光绪帝属于正常死亡。

光绪帝之死因事涉清代宫禁秘档，人们无从知其真实内幕。因此众说纷纭，莫衷一是，遂成清末一大疑案。

在光绪帝被害说中，袁世凯进药毒死说最值得商榷。戊戌政变以后，正是因为袁世凯向荣禄泄露了维新派企图围园弑杀计划，促使慈禧加大了对戊戌变法镇压的力度，致使光绪帝不仅在政治上无力实现自己的理想与抱负，而且人身自由与感情生活也被慈禧横加限制，与珍妃更是“积不相能见”。(叶昌炽《缘督庐日记钞》) 从而引发光绪帝痛恨袁世凯，并“日书项城（袁世凯）名以志其愤”，(枝巢子《旧京琐记》) 亦在情理之中。一方面，光绪帝对袁世凯心怀怨恨是朝中人所共知的事实；另一方面，袁世凯担心光绪帝重整河山后处置自己的心态也符合人们的一般心理。然而，欲意害死光绪帝而又不被追究，那必须获得慈禧默许或主使，与此同时还要突破诸多防范手段方可将药送达御前。清朝内廷制度规定，任何人向皇帝进献食物必须由内务府有关机构接收；皇帝任何食品和饮料，如奶、茶及干鲜果品之类，都须由御膳房和御茶膳房供进；皇帝所有食品的盘碗上均放有银牌以验毒，并要经随侍太监试尝（称为“尝膳”）无事之后皇帝方可食用；皇帝的每次传膳、传饮料，敬事房都要记载入档。如此而言，袁世凯在众目睽睽之下，明目张胆地将药品中掺毒，并由此弑君，不仅丧心病狂，愚蠢至极，而且几乎也是不可能实现的举措。

至于光绪帝被慈禧谋害说，主要源于两人相继而亡、前后相差仅不到一天的巧合，这难免令人产生一些想象和推测。

《清稗类钞》载:“慈禧在生日过后，泄泻严重，体力难支之时，颇感自己时日无多，于是密令亲信太监扼毙光绪，因为太后不愿意看到在她死后光绪帝重掌大权。”

《崇陵传信录》载:“有谮上者，谓帝闻太后病，有喜色。太后怒曰:‘我不能先尔死!’”

当人们言之凿凿地陈述慈禧害死光绪帝的种种“事实”时，也可做如此反问：慈禧有必要害死光绪帝吗？假如说光绪帝的死是由于慈禧的谋害，那么对于嗜权如命的慈禧而言，谋害光绪帝的动因只有一个：光绪帝的存在威胁到了慈禧的权力。

然而，当我们细细咀嚼这段历史时，特别是当我们对这一时期的国内外局势进行综合分析和判断时，我们不能不认同的事实是：光绪帝的存在不仅难以对慈禧构成威胁，相反，光绪帝的存在却对慈禧控制权力大有裨益。考察光绪帝在慈禧注目下所生活的 34 年与慈禧第三次垂帘后对政局的把控能力，似乎光绪帝难以对慈禧构成威胁。

首先，光绪帝做皇帝的 34 年间，虽然名义是大清王朝第十一任皇帝，然而有谁能相信他是一位具有独立掌控能力的王朝之君？

光绪帝的皇帝生涯可以分为三个阶段：

第一阶段，光绪元年至光绪十四年。在这一时期里，慈禧以垂帘听政和训政的形式，全权把握皇权。此时，光绪帝的存在是慈禧垂帘听政的前提和必要条件。

第二阶段，光绪十五年至光绪二十四年。在这一时期里，虽然慈禧归政，但通过事前请示、事后汇报制度，把控着光绪帝的一切决断。即使光绪帝已经亲政，他依然难以摆脱慈禧的控制。在光绪帝亲政以后的很长一段时间里，严格地说是戊戌变法以前，光绪帝一直恪守上述约定。在此前提下,“母子”之间相处比较融洽。虽然其间也曾出现过甲午战争时期的主战与主和、戊戌变法后期矛盾冲突等不和谐事件，但慈禧一直能够把握全局。光绪二十四年八月初六日，慈禧轻而易举地发动了戊戌政变，幽禁了光绪，血洗了变法，就是明证。

第三阶段，光绪二十五年至光绪三十四年。慈禧将光绪帝幽禁在中南海的瀛台，光绪帝不仅失去了人身自由，而且健康程度也每况愈下。在此期间，慈禧以重新“训政”为名，实施她的第三次垂帘，光绪帝已经处于被慈禧肆意摆布的境地。可以说，光绪帝的存在对慈禧难以构成威胁。

其次，庚子事变后，慈禧对于列强在华势力的政治干预颇多顾忌。

戊戌政变后，慈禧虽将光绪帝变成囚徒般的皇帝，但光绪帝日益增长的国内外影响力，使得慈禧难以在光绪帝的命运安排上恣意妄为，甚至将其置于死地。特别是在经历了八国联军侵略的沉重打击后，慈禧必须面对的一个残酷事实是：外国公使已由外交的代表而转化为干预中国内政的一种强力，并左右着中国政潮的起伏。由此，庚子之变后慈禧表现出了对列强的畏惧与抵抗意识的消减与消失。表现为：

第一，强权面前的无奈。

慈禧与八国联军议和以后，列强坚决要求清政府交出主战的官员，遂有：

“端郡王载漪，先撤去一切差使，交宗人府严加议处。复革去爵职，暂交宗人府圈禁，再行发往盛京，永远圈禁。次又改发新疆，永远监禁，末复定为斩监候，因属懿亲，加恩发往极边新疆，永远监禁。

辅国公载澜，先议处停公俸，降一级调用，复发往新疆永远监禁，末复定为斩监候，因属懿亲，加恩发往极边新疆，永远监禁。”(《天津拳匪变乱纪事》)

诏旨的屡屡更改和处分逐渐加重，正说明慈禧在列强咄咄相逼的压力面前所表现出来的无奈。有一件事情的记载特别传神：1902年2月3日的《泰晤士报》报道过前两天慈禧接见各国驻京公使的情况:“太后进屋一把抓住康格夫人（美国公使夫人）的手，好几分钟没有放开。她浑身颤抖，抽泣哽咽地说进攻使馆区是极大的错误，她后悔莫及。”(《清末民初政情内幕》)

这“后悔莫及”的表述或许是慈禧的一种反思，但有一点可以确认：经历了庚子之变以后，慈禧不敢断然无视列强对其决策的干预，因此慈禧不会轻易地在列强的注视之下而贸然害死光绪帝。

第二，慈禧放弃了废帝计划。

光绪二十七年十月二十日（1901年11月30日），慈禧从西安返回北京的途中，发布了一道懿旨:“溥儁著撤去大阿哥名号，立即出宫。”(《光绪朝东华录》)

慈禧为什么要突然废除大阿哥而放弃自己苦心经营的废帝计划？有人说：因为溥儁顽劣成性。理由是自从溥儁被接入宫中以后，在慈禧的庇护下，其行为荒诞不经，即使是随同慈禧逃往西安期间，他依然“顽劣日甚，时与宦官等私出冶游，甚至在宫中拔取皇后之簪珥以为戏乐”。(《清鉴辑览》)溥儁的顽劣，固然会令慈禧及其周围人心生不满，然而同治帝在成长中又何尝不是顽劣异常。

因此，放弃溥儁还应有更为重要的原因。依据《辛丑条约》后中外势力在中国的此消彼长，不难判断慈禧废除大阿哥的无奈。因为溥儁的父亲载漪作为庚子之乱时朝中主战派的领袖，已经成为列强必定惩处的对象，碍于列强的压力，溥儁也就势必成为慈禧政治棋局上的弃子。或许，慈禧认为利用光绪帝傀儡的地位，对自己的专权更为有利。因此，从西安回到北京以后，慈禧每每临朝或接见外国使臣时，总是把光绪帝拉去作为陪衬。

第三，慈禧推行的新政措施已超越了戊戌变法。

在光绪帝与慈禧的矛盾纷争中，政见分歧与权力之争一直互为表里贯穿其中，由此，有学者认为光绪帝与慈禧的矛盾是由政见的不同所导致的权力争夺。然而，纵观其矛盾起因与激化，无法否认的事实是政见分歧确有存在，但往往成为权力之争的借口。

慈禧一生嗜权如命，任何政见差异只要以慈禧独掌朝政，只要以慈禧为权力核心做前提，她都可以容忍甚而妥协。例如，洋务运动时期，尽管诸多洋务举措的提出与推行有悖于祖宗之法，但只要是有益于巩固政权她便尽力而为。甲午战争中，虽然光绪帝积极主战，但光绪帝在慈禧的六旬庆典中所表现出来的积极态度令慈禧十分欣慰，她并未公开反对开战，尽管此时慈禧表面退居颐和园，但实际上依然操控大权。戊戌变法时期，表面上皇帝与太后分属于改革与保守的两派两大阵营，政争激烈，但不能否认的是光绪帝除了想通过变法以富国强兵之外，也曾企图通过变法从慈禧手中夺权，而慈禧也正是听闻光绪帝将有非常之举动，才发动政变，废除新政，软禁了光绪帝，并以训政名义第三次公开执掌政权。而八国联军侵华之后，她为了继续掌政，在推行政治改革方面已远远超过了戊戌变法的步伐，呈现了影响中国近代化进程的“清末新政”。费行简在《慈禧传信录》中对于光绪帝的记载中有“(光绪帝) 自西安回銮，起居虽稍自由，而仍不得与后妃同居处”。虽然慈禧依然不能原谅光绪帝，但在确保权力无忧的前提下，她已然放松了对光绪帝的限制。慈禧对光绪帝的防范是以光绪帝有复辟并夺走她权力为前提的，如果慈禧知道光绪帝由于健康的原因不久于世或查知自己行将就木，权力之争便已不再是她耿耿于怀的因素。即便慈禧死于光绪帝之前，光绪帝得以复出，在政见已无更多分歧的前提下，慈禧谋杀光绪帝已没有任何意义。由此而论，慈禧毒死光绪帝的结论有待推敲。

事实上慈禧在光绪帝弥留之际，最终决定把皇位继承者交给了光绪帝的亲侄子溥仪（宣统皇帝)，而载湉与载沣手足情深是朝野上下尽人皆知的事实，由此观之，慈禧并不担心光绪帝势力的执政，而慈禧做出这一切安排的时候正是光绪帝病入膏肓之际，显然她已没有必要做光绪帝非死在她前面不可的决策。

依此推断，慈禧想要继续控制权力，光绪帝活着对她最为有力。

三　光绪帝脉案之真伪

光绪帝病死说，主要是依据保留下来的档案材料和历史记载而做出的判断。有两份档案是我们研究光绪帝死因的重要史料：

一是光绪帝的医药档案。中国第一历史档案馆公开了馆藏的历代清宫医案，光绪帝的脉案十分齐全，特别是他临终前半年病情加重的阶段里，诊断记录和服药经过记录的尤为完整。

一是光绪帝自述的《病原》材料。这是一份光绪帝的自述病历，详细记载了光绪帝自幼身体虚弱的情形与病情发展，私密、翔实。

通过对这两份档案资料的分析，我们发现光绪帝一直身体较弱，而光绪二十四年、二十五年是他病情恶化的转折点。

在《病原》自述中可知，光绪帝自幼多病，有长期的遗精史，身体素质差。

遗精之病将二十年，前数年每月必发十数次；近数年每月不过二三次……冬天较甚。近数年遗泄较少者，并非较愈，乃系肾经亏损太甚，无力发泄之故。……腿膝足踝永远发凉，稍感风凉必头疼体酸，夜间盖被须极严密。(《病原》)

由此观之，光绪帝自十四五岁开始身体即已弱不禁风。遗精“月必发十数次”，也就是两至三天必然遗精，对正处于青春期发育阶段的光绪帝来说，这极大地影响了身体健康。据光绪十年、十二年的脉案记载，发现光绪帝还经常患感冒及脾胃病，汤药、丸药鲜有不用的时候。这一切导致了他二三十岁正处于青壮年阶段即百病缠身，衰老之态毕现。

然而，查阅档案资料，我们发现，在光绪二十四年前，即使光绪帝身体较弱，但还一直能够维持。在光绪二十四年以后，身体状况却急转直下，即使云集天下名医来京会诊，光绪帝的病情依然日益严重。

光绪二十五年正月初二日，太医朱琨等人为光绪帝诊得的脉案：

口渴思饮，喉痒呛咳，气不舒畅，心烦而悸，不耐事扰，时作太息。目中白睛红丝未净，视物蒙眬……耳内觉聋，时做轰声。胸中发堵，呼吸语言丹田气觉不足……夜寐少眠，醒后筋脉觉僵，难以转侧……

根据此一脉案，借助现代医学分析，光绪帝此时患有严重的神经官能症和关节炎，以及血液系统的疾病。

为什么光绪二十四年成为光绪帝身体状况急转直下的一年呢？

因为这一年的八月，光绪帝推行的变法被慈禧无情镇压，他的生活从此发生巨大的变化。

首先，伴随着慈禧宣布戊戌变法成为非法，变法措施尽遭颠覆，光绪帝也被慈禧剥夺了人身自由，精神上受到了极大的刺激，于是锐气尽消的他“夜寐少眠”、“气不舒畅，心烦而悸”。

其次，被慈禧隔绝与珍妃的往来，日日孤独、时时思念，使得他孤苦难当。特别是在与慈禧西逃之前，获悉珍妃被害的噩耗时，光绪帝更是“悲愤之极，至于战栗”，（《清史纪事本末》）国难、亲仇以及郁郁不得志的积怨，一并压在他的心头。然而，在慈禧的强权面前他只有无奈。在《宫女谈往录》中，随行慈禧西逃的宫女描述了光绪帝得知珍妃被害后的情形，“在逃亡的路上，我看到了光绪，眼睛像死羊一样，呆呆的！”这应是光绪帝心情的真实写照。从此，光绪帝更犹如被抽去了灵魂一样，麻木面对一切，失去了活力，任由慈禧摆布。

在德龄离开清宫之前，光绪帝倾吐了自己的苦衷：

> 我没有机会把我的意思宣布于外，或有所作为，所以外间都不大知道我。我不过是替人做样子的，后来再有外人问你，只告诉他我现在所处地位实在的情形。我有意振兴中国，但你知道我不能做主，不能如我的志。
>
> （《清宫二年记》）

这是怎样的悲苦！这是怎样的无奈！一切理想都已经破灭。光绪帝已深深地意识到自己的存在不过是体现了慈禧这位“皇爸爸”权力上的需要罢了。

从此以后，光绪帝的病日益加重，直至光绪三十四年，宫中御医已无良方起此沉疴。

在光绪帝病情日益加重期间，没有更多的史料记载慈禧是喜还是忧。但从这一时期军机处下发的文件中可以看到，慈禧曾采取了一些措施，为光绪帝治病。

第一，遍求天下名医。从光绪三十四年春天开始，军机处又不断下发文件，征召天下名医急速来京为皇上诊治。于是，陈秉钧、曹元恒、吕用宾、周景涛、杜钟骏、施焕、张鹏年等名医先后来京。但经过诸多名医的诊治，病情非但不见好转，反而越来越重。

第二，遍寻天下名药。光绪三十四年八月，军机处电告各地迅速提供上等名药，其中广陈皮、甘枸杞、川续断、苏芡实、北洪参、苡米、桑寄生、杭白芍、茯苓等纷纷被送至京城。

光绪三十四年十月二十一日子刻，光绪帝进入生命的弥留状态。御医张仲元等人诊得：

皇上脉如丝欲绝。肢冷，气险，二目上翻，神识已迷，牙齿紧闭，势已将脱。谨拟生脉饮，以尽血忱：人参一钱、麦冬三钱、五味子一钱。水煎灌服。

随后，又经御医多方努力，却回天乏力，终于在十月二十一日酉正二刻三分（晚6时33分），光绪帝走完了他三十八年的人生历程。著名学者朱金甫、周文泉通过对档案资料的研究得出了其死亡原因的结论：

光绪帝自病重至临终之时，其症状演变属进行性加剧，而无特殊或异常症状出现。其临终时的症候表现，乃是病情恶化之结果。因之，光绪帝是死于疾病。

（《从清宫医案论光绪载湉之死》）

四　当代人破解光绪帝死因的努力

在光绪帝死后的一个世纪中，关于他的死因已成为历史谜案，学者们依据不同史料，对此进行多方探寻与研究，力争得出符合历史事实的结论。

2008年是光绪帝与慈禧逝世一百周年，11月2日，国家清史编纂委员会在京西宾馆举行“清光绪帝皇帝死因报告会”，公布了一份采用现代刑侦和高科技手段分析光绪死因的万字报告。戴逸教授等13位专家联合撰写的《清光绪帝死因研究工作报告》，权威性地宣布："本课题在不能开棺直验且时隔久远、检材条件很差等不利因素困扰下，由光绪帝发砷研究入手，通过对其头发不同截段砷含量的异常分布情况的分析验证，发现并证实了导致其违背常规的砷元素分布的特殊原因，即光绪帝头发上的高含量砷并非为慢性中毒自然代谢产生，而是来自于外部沾染。通过对其遗骨表面砷元素的检测和对其殡葬衣物被侵蚀的规律，以及衣物上砷元素含量的分布情况分析，进一步证实了光绪帝的腐败尸体是砷元素污染的唯一来源。由砷种态分析得知，光绪帝遗骨、头发、衣物中高含量的砷化合物为剧毒的三氧化二砷，即砒霜；经过科学测算，光绪帝摄入体内的砒霜总量明显大于致死量。因此，研究结论为：光绪帝系砒霜中毒死亡。"

这项检测是由中央电视台、清西陵文物管理处、中国原子能科学研究院、北京市公安局法医检验鉴定中心等单位的领导和专家组成的"清光绪帝死因"专题研究课题组完成的。课题组运用侦查破案的思维方式，按照法医规范，利用"中子活化"、"X射线荧光分析"、"原子荧光光度"、"液相色谱/原子吸收联用"等一系列现代专业技术研究手段，通过对比、模拟实验进行双向推理、多维论证等工作，对光绪帝头发、衣服、遗骨等进行检测和研究。结果显示，光绪帝头发中含有高浓度的砷，比与光绪帝同时代并埋在一起的隆裕皇后头发中砷含量要超标几十倍甚至百倍。

课题组又按照规范的法医检验要求和方法，提取了光绪帝遗骨及衣物样品测试，结果肩胛骨、脊椎骨和每件衣物的胃区部位、系带和领肩部位的含砷量很高；内层衣物的含砷量大大高于外层，根据相关研究，其胃腹部衣物上的砷是其含毒尸体腐败后直接侵蚀遗留所致，而其衣领部位及头发上的大量砷，则由其腐败尸体溢流侵蚀所致。再对光绪帝棺椁内、墓内物品和陵区水土等进行对比实验，结果表明光绪帝头发上的高浓度砷物质并非来自环境沾染。法医认定光绪帝死于砒霜中毒。(综合《北京晚报》2008 年 11 月 3 日)

然而，光绪帝死因的研究报告公之于世后，由于检测手段有些环节有待完善，因此所得出砒霜中毒而死的结论难免令人产生疑虑。为此，房德邻《“光绪帝系砒霜中毒死亡”说难以成立》、朱金甫《再论光绪帝载湉之死》等论述，以实事求是的研究情怀为解开这一历史谜案做了更为深入的探究，现将两篇论文的主要观点如实择录，以供读者参照：

第一，沾染在光绪帝发辫中段砒霜的由来。

如果这些砒霜是光绪帝生前被灌服时泼洒到头发、衣物上的，还是因生前中了毒在尸体腐烂后残留于棺中，或者是死后由于人为的原因被沾染上的？“笔者认为光绪帝生前被灌服砒霜时沾染到头发及衣物上是可能的，但不可能由此带入棺中。”因为清朝宫中丧制是依照《周礼》而行，君主死后，其丧礼有包括沐尸、饭含、小敛、大敛，等等。沐尸仪就是要清洗尸体；饭含就是要在死者口中塞饭粒等食物；小敛是为死者换穿寿衣；大敛是将死者入棺并在棺中装入陪葬物品以及防腐防湿物件后将棺封闭。经过这些程序，似乎不太可能在他的口中和头发上还残留如此多的砒霜毒物。因此，最大的可能是死后沾染上的。

第二，此次提供检测的样品，其权威性有些难以凭信。

1938年，崇陵地宫被人盗挖，地宫破坏严重，陪葬品所剩无几，连光绪帝的遗骸也被挪出棺椁之外。1980年，清西陵管理部门的工作人员再次进入地宫清理当年被盗现场。“地宫封闭时，又将光绪帝发辫、部分衣物及骨骸带出地宫，存放在该文管处库中达二十多年之久，其间应该每年要进行晾晒，放置防虫防腐药品等，还曾有人取出光绪帝头发进行过测试，可见在此次测试前早就有人入库动过这些文物，可以说是几经人手。”而此次提供检测的全部样品，就是这些离开地宫及棺椁原始现场达二十多年并不知经过了多少人手的物件。根据这些样品而得到的数据，其权威性就不免会令人有所质疑。

有鉴于此，报告中依照逻辑判断，认定慈禧为最大的嫌疑犯就有待推敲。毕竟推测只是推测，如果认定慈禧是凶手，还需要更为可靠的证据。这依然是需要破解的谜。

五　相继而亡的慈禧皇太后

光绪三十四年十月二十一日，光绪帝离开了人世，可是仅仅过了二十个小时，慈禧也暴死宫中。据《慈禧外纪》记载，光绪三十四年十月二十一日晚，慈禧在获知光绪帝已处于弥留之际的消息后，依然能“神气安和”地安排光绪帝的后事，“至晚乃获休息，虽极辛苦，而体气反较佳。翌日，仍于六钟起召见军机与皇后、监国摄政王及其福晋即荣禄之女”。与众人谈话多时，以新帝之名谕示：

尊皇太后为太皇太后，尊皇后为太后。并议筹大行皇帝（光绪帝）的丧仪，上太皇太后、皇太后尊号等问题。“至午时，太后方饭，忽然晕去，为时甚久。”醒来以后，自觉身体不支，急召皇太后（隆裕皇太后）等人安排后事。据记载，慈禧当时“吩咐各事，从容清晰，仍如每日办理国事之状”。随后，体力渐渐不支，既而进入弥留状态，御医张仲元、戴家瑜“请得皇太后六脉已绝，于未正三刻（下午 1 时 45 分）升遐”。

早晨还能从容处理朝政的慈禧未见任何足以致死的病症，为什么下午就突然地死去？难道是她已经得了不治之症却秘而不宣吗？细细翻阅这一段历史，我们发现慈禧对于自己的健康与长寿颇为自信，没有发现她得了什么绝症。有两件事情特别能说明问题。

一件事情是慈禧对于自己能够高寿非常自信。

至光绪三十四年，慈禧已经操持国家大政四十七年，虽然其间也曾有过几次患病的经历，但直至晚年，身体也没有什么大恙。《慈禧外纪》载，慈禧“虽以七十之高年，而毫不呈衰老状者也。然此外亦无大病，精神尚好，语言如昔，仍每日勤劳国政。太后常自言能享高寿”。慈禧即使已经到了七十的高寿，身体依然硬朗，精神依然矍铄，没有老态龙钟的迹象。因此，她有足够的信心认为自己可以长寿延年。

一件事情是慈禧对于皇位继承人的安排依然以自己可以垂帘听政为前提。

光绪三十四年十月十七日，光绪帝的病情进入垂危阶段，慈禧开始考虑皇位继承人问题。在光绪帝病情日渐加重期间，慈禧对于皇位继承人的设计与安排，还能体现出她要继续垂帘听政的迹象。《慈禧外纪》记载了十九日仪鸾殿御前会议的情况，由此我们不难观察到慈禧决定的真实目的。

会议开始后，慈禧“说话仍如往日，声音宏亮坚厉，其坚强不改常度，见者皆惊！有人述当日会议，全由太后一人主持。与议者庆亲王（奕劻）、醇亲王（载沣）、军机大臣袁世凯、张之洞、鹿传霖、世续等。太后曰：现在时候到了！须照皇帝即位时之上谕，为同治皇帝立嗣。我的主意已定，但想跟你们商量，看你们的意思同否？庆王等主张立溥伦或恭王（溥伟），言溥伦尤合，以其道光皇帝长支传下也。醇王似同意此议。其余诸人则主张立醇王之子（溥仪）。太后闻诸人议后，发言曰：以前我将荣禄之女说与醇王为福晋，即定意所生长子立为嗣君，以为荣禄一生忠诚之报。今既立醇王之子为嗣君，即封醇王为监国摄政王。此时乃下午三记钟，逾两钟，此幼主遂入宫，醇王送之”。

从以上慈禧决定皇位继承人的过程来看，我们发现以下两个问题：

第一，慈禧十分重视皇位继承人血缘。

溥仪是醇亲王奕譞的孙子。醇亲王奕譞共有七个儿子，其中三个夭折，两个过继给旁支，载湉做了皇帝，身边只剩下五子载沣，他是第二侧福晋刘佳氏的儿子，醇亲王奕譞死后，载沣袭承醇亲王位。载沣的福晋苏完瓜尔佳氏是慈禧精心安排的，她是荣禄的女儿，由于受到慈禧的喜爱，遂被慈禧收在宫中为养女，她就是溥仪的母亲。所以，慈禧在安排皇位继承人的时候，十分注重爱新觉罗与叶赫那拉家族之间的关系，从这一目的出发，醇亲王奕譞的后代里出现了两位大清皇帝。

第二，决定方式与三十四年前如出一辙。

仪鸾殿御前会议上，虽然庆亲王提出了对皇嗣人选的意见，但慈禧再一次主导了皇位继承人选，她不容置疑地决定“立醇王之子为嗣君”，不足三岁的溥仪（出生于光绪三十二年正月十四日）继承皇位。这一幕与同治十三年同治帝死后，慈禧在西暖阁御前会议上决定皇嗣时的情形几乎相同，当时也是同样坚定不移的口吻：“文宗无次子，今遭此变，若承嗣年长者实不愿，须幼者乃可教育，现在一语即定，永无更移。我二人（慈禧与慈安）同一心，汝等敬听。”（《翁同龢日记》）从不足四十岁到七十四岁，三十四年的岁月消磨，似乎从来没有磨蚀她对权力追求的执着渴望，那种确立皇嗣继承人的坚定方式，没有任何改变。

由上面的分析我们可清楚地发现，慈禧在死前不足 20 个小时的时间里，没有任何身体不支或精神不足的迹象。那么，究竟是什么原因导致慈禧暴亡？

探寻慈禧真正死因的重要资料，是保留至今的慈禧脉案。在这份资料中，我们发现光绪三十年以后，古稀之年的慈禧，小病不断，主要为喘咳、腹泻、肠胃不和等病症。御医们常用“益气理脾之法调理”，虽然没有显效，但这些病对于慈禧的生活起居以及处理朝中事务来说，并未有太多的影响。然而，光绪三十四年六月以后，她的病势有略略加重的趋势。据是月初六日御医陈秉钧的诊病记录：

> 皇太后寸关漓象渐起，细而带弦，右部关上尚见滑弦，仍欠冲和之气。大致厥阴为起病之源，脾胃为受病之所。嘈杂见减，饱暖频仍，寤寐尚和，胸胁震响。总核病情，谨拟培脾胃之气，养肝木之阴调理。

从这个脉案可知，慈禧原有脾胃之病并未痊愈，并有加重的迹象。

由于连续腹泻所导致的慢性消耗，七十多岁的慈禧体力下降很快。正如在遗诰中所述的那样："不期本年夏秋以来，时有不适。"同时，慈禧恋栈权力，即使身体不适，依然忙于公务，难以静养，以致"迁延日久，精力渐惫"。从《内起居注》中也可见到，这一时期慈禧虽患有慢性腹泻，但政务活动仍很频繁，经常临朝接见大臣，商讨政务，或批阅奏折，发布谕旨，数量很多。

以十月十五日以后为例，计：

十五日批出庞鸿书、王士珍等人折片十四件；十六日批出陈夔龙等人折、片、单共十件；十七日批出杨士骧等人的折、片、单共二十五件，发谕旨五道；十八日批出端方等人的折、片、单共十五件；十九日批出锡良等人的折、片十九件，发谕旨五道；二十日批出外务部的折、片、单共四件，发谕旨五道。(《随手登记档》)

慈禧病情出现大的变化是在她七十三岁的生日以后。

十月初十日，是慈禧的七十三岁寿辰，宫廷内外，依照惯例举行大规模庆典。由此，她的活动骤然增多。初十、十一两日，白天参加庆典及宴筵活动，而且迷恋京剧的她又连日看戏。据记载，自初十至十五日，连续六个晚上，慈禧都在西苑颐年殿观戏，直至戏毕才还寝仪鸾殿。多日的劳累，使她本已虚弱的身体，更加雪上加霜。十月初十日，也就是寿辰的当晚酉刻，张仲元、戴家瑜二位御医诊病的记载是：

> 左关弦而稍数，右寸关滑而近躁。肺气化燥，胃气浊滞，脾不化水，水走大肠，以致舌干口渴，胸闷微疼，食后嘈辣，小水发赤。总核病情，郁而生热，壮火食气，得食则泻，是以精神异常疲倦。

十月二十日，光绪帝病危，而慈禧之病情并无显著变化。御医张仲元、戴家瑜诊视记录为：

> 皇太后左部弦而近躁，右寸关滑数鼓指。咽燥舌干，口渴引饮，时作咳嗽，顿掣两肋作疼。连用甘寒化燥之法，胃热不减，口渴愈盛。

而自十月十九日开始有“谷食不多”的记载，至光绪死的这一天，又有“胃纳太少”的记载，说明慈禧已接连三日饮食不正常，这对其病体的支撑十分不利。加之光绪帝死，慈禧频繁料理宫中事务，没有得到充分的休息，最后心力交瘁，胃不纳食，体力衰竭。

所以到十月二十二日，她的病情出现急剧的恶化。御医先后三次入诊，也无法妙手回春，慈禧终于告别人世。

根据慈禧脉案记录分析，慈禧属于正常死亡，没有意外之变。如果说她的死有什么诱因的话，很可能正如其遗诰中所言“本月二十一日，复遭大行皇帝之丧，悲从中来，不能自克，以致病势增剧”。光绪帝之死，很可能对她的病和死有所影响，但这种影响究竟是因悲痛光绪帝之早死而致自己病势加剧，还是因光绪帝一死，政敌已除，心病已去，后顾无忧，紧张的精神顿时为之一松，致使原先本是强自支撑的病体也跟着垮了下来呢？这就不是我们所能主观推测的了。

慈禧生前尽享荣华，死后的情况又如何呢？

慈禧死后的五天，也就是光绪三十四年十月二十七日，监国摄政王载沣以皇帝的名义发布上谕：

> 大行太皇太后垂帘训政四十余年，功在宗社，德被生民。所有治丧典礼，允宜格外优隆，以昭尊崇而申哀悃。著礼部将一切礼节另行敬谨改拟具奏。

从上谕中，我们可以看出两个含义：治丧典礼要格外优隆；典礼的规格要突破祖制对于太皇太后葬仪的规定。

在监国摄政王载沣的授意下，慈禧的葬礼突破祖制并尽显优隆。

首先，慈禧得到了一个几乎与皇帝等同的谥号。

对于慈禧死后的谥号的确定，监国摄政王载沣指示军机处：

> 大行太皇太后功德昭著，震古烁今。现查《会典》所载后谥崇隆而又切合字样未用者已属无多，应于《会典》帝谥字样内参酌选择，敬谨公拟，以重巨典而申显扬。

原本慈禧死后，礼部已经拟就了慈禧的谥号，但监国摄政王载沣不满意。按照清朝的祖制，皇后（太后的谥号亦为皇后）的谥号不许超过 16 个字，有的还少，如慈安皇太后只有 14 个字。可对于慈禧，监国摄政王载沣却打破了祖制，不仅在原有的“慈禧端佑康颐昭豫庄诚寿恭钦献崇熙”16 字上再加字，而且要在帝谥中参酌选择。于是，慈禧的谥号在保留了原来的 16 字徽号以后，又选择了只有皇帝方可使用的谥字，最后加到 22 个字，可谓空前绝后。

按照《会典》，前面加上了“孝钦”（清朝皇后追谥的第一个字固定为“孝”），后面加上了“配天兴圣显皇后”（“显”在“皇后”之前，它是按皇帝尊谥照列，咸丰帝谥号“显”，于是慈禧最后三个字为“显皇后”）。

孝钦显皇后（慈禧）谥册慈禧生前权力大过清朝任何一个皇后，死后的谥号之长亦遥遥领先，独占鳌头。

其次，慈禧葬礼的规模声势浩大。

慈禧死后，她的金棺先殡于宁寿殿，后移至煤山脚下，等待吉日奉安东陵。从慈禧死至她被奉安东陵的一年间，祭祀一直没有间断，而且十分隆重。

宣统元年八月十五日的一次祭祀活动，就非常能够说明问题。

这一天，监国摄政王载沣命人将用纸扎成长约一百五十尺（旧制，即 50 米）的大船，置放于紫禁城外，船上扎有侍从、太监、仆妇及一切器用，设有宝座，其旁环跪身穿礼服的官员，一如平日召见臣工的模样，监国摄政王载沣以皇帝的名义在船前祭祀，祭后举火焚之。

1909 年 11 月 27 日，英国《泰晤士报》记载了慈禧出殡时的盛大场面：

> 十一月五号之晨五钟时，乃钦天监选定大行皇太后金棺由宫中奉安于东陵之日。一切情形与前西历五月大行皇帝奉安之礼略同；唯军队更多，装饰更美，警吏亦更整齐，故其景象尤为阔大。然有一欠缺之点，即大行皇帝奉安之日，天气晴明，此次则浓云密布，甚为寒冷。……金棺初以八十四人抬之，此乃过城门时最多之数，出城则加为一百二十人。前行者为监国摄政王及诸王公贝勒、军机大臣等，后为骑兵一队，再为骆驼等。驼载帐棚（篷）及行宫用具。由京往陵，须行四日，以备晚间支帐，为金棺暂安之处也。又后为伞队，皆庚子年由西安回銮时，百姓恭送者，安葬后皆烧之。又后为喇嘛，最后为銮仪卫一队，执祭器佛幡旗帜等。全队中有三乘极华丽之舆，罩以黄丝之帘。一切装饰，均为龙凤花样。有两乘与太后平时所乘者相同，此亦备在陵上焚烧者。统观全队，炫耀威严之景，使人印于心而不忘。自中国人言之，唯唐之武后

或能与此比耳。

（转引自《慈禧及光绪宾天厄》）

光绪帝在悲苦与孤独中离开了这个对他似乎十分偏爱却实质上十分冷漠和残忍的世界，他的灵魂奔向了他渴望到达的天堂，或许那里不再有“皇爸爸”严厉呵斥与非人性惩罚，或许在那里他可以实现与自己深深眷恋着的珍妃自由相爱的梦想。光绪帝生前在慈禧淫威下无法实现对自己的救赎，但愿他死后真的能获得灵魂上的解脱。

后 记

为光绪帝作传，是2007年出版了《说慈禧》后的一直想法。

因为在光绪帝三十八年的人生岁月中，由于命运的鬼使神差，他竟有长达三十四年的时间在做皇帝。如此漫长的皇龄，在“普天之下莫非王土，率土之滨莫非王臣”的专制时代里，是多少栈恋皇位者的梦想，也是多少帝王遍求天下不老仙丹却难以企及的时限。然而，当人们了解了光绪帝三十四年的皇帝生涯之后，又有谁不为他频遭劫难的岁月人生而扼腕唏嘘；又有谁不认为刘宋顺帝被杀前所说的“愿生生世世再不生于帝王家”是至理名言。

在光绪帝三十四年的皇帝生涯中，他一直充当着双簧演员的角色，只不过他一直扮演着双簧中前台表演者，鲜有自主“发声”的机会，没有人不知道操控整台表演的总导演就是躲在他身后的慈禧，不论慈禧演技多么精湛，可舞台一旦离开了光绪帝这位表演者，慈禧的执政便不再合情合理，似乎他的人生就是为慈禧的政治命运而来。尽管他不能主宰自己和大清王朝的命运，可历史依然将这三十四年冠名为光绪朝，而所有的“红头文件”也都必须以他的名义下发。

光绪帝不是大清王朝叱咤风云的皇帝，可他的知名度，不亚于任何一位中国历史上的帝王。大凡对清朝历史稍有了解的人们都知道，光绪帝孤独的成长岁月、自幼便孱弱不堪的身体、不能自主决定爱情的经历、几经挣扎却无法摆脱慈禧操控的命运、无法实现的政治抱负，甚而他离奇的死亡，都一直成为正史、野史、演义、民间传说争相报料的对象，以及人们街谈巷议的热门话题。

他四岁入宫做皇帝，开启了中国历史纪年以他的年号而冠名的时代，可在一个名义属于他的历史时代里，他却不能主宰王朝甚而属于自己生活的方方面面；

他十七岁大婚，身为大清王朝的皇帝，可他在婚姻中却不能自主选择，不得不与那个时代所有悲剧结果的婚姻一样充满着包办与无奈，一切描绘帝王生活的词汇，诸如“有道明君”、“大权独揽”，甚至“穷奢极欲”、“后宫三千佳丽”等都与他无关；

他十八岁亲政，可短短的五年时间里，他受制于方方面面，在他的生活里，无处不充斥着规矩，而鲜有自我的行为与主张；

他一百零三天的政治实验，在触及最核心的政治改革部分时，来不及验证它的对错便被强力镇压；

他最后的十年，是在被限制自由的状态下生存的，与囚徒无异。在这段时间里名为大清皇帝实为朝政的“资深旁观者”，任何决策都与他无关，而任何决定又都用他的名义下发。这一刻，历史是如此的无奈与戏剧。

由此而言，要想了解近代中国历史，不了解真实的光绪皇帝，一定是片面的。

怎样才能了解真实的光绪帝？我以为应该从知人论世的角度出发，将光绪帝从涂满色彩的历史人物还原成一个有血有肉充满人性的历史人物；从他的人生际遇和他所处的社会历史背景出发，来探讨他的功过成败。这就是我写光绪帝的目的。

亲爱的读者朋友，读过这本书后您同意我上述观点吗？我期待着您的评论。谢谢！

隋丽娟

2014年5月3日

图书在版编目(CIP)数据

光绪皇帝 / 隋丽娟著 . — 北京 : 故宫出版社 , 2016.10
(2020.5重印)
(名家说清史)
ISBN 978-7-5134-0920-9

Ⅰ . ① 光… Ⅱ . ① 隋… Ⅲ . ① 光绪帝 (1875–1908)
—传记—通俗读物 Ⅳ . ① K827=52

中国版本图书馆 CIP 数据核字 (2016) 第 227994 号

名家说清史

光绪皇帝

著　　者：隋丽娟
出 版 人：王亚民
责任编辑：艾珊歌
封面设计：王　梓
版式设计：保定市万方数据处理有限公司
责任印制：马静波　常晓辉
出版发行：故宫出版社
地址：北京市东城区景山前街4号　邮编：100009
电话：010-85007808　010-85007816　传真：010-65129479
邮箱：ggcb@culturefc.cn
印　　刷：保定市中画美凯印刷有限公司
开　　本：787毫米 × 1092毫米　1/16
印　　张：17.25
字　　数：180千字
版　　次：2016年10月第1版
2020年 5月第2次印刷
印　　数：3001 ~ 4500册
书　　号：ISBN 978-7-5134-0920-9
定　　价：39.00元